国学自然

移天缩地到君怀

圆明园文化透视

于涌 ● 著

深圳出版发行集团
海天出版社

图书在版编目（CIP）数据

移天缩地到君怀：圆明园文化透视 / 于涌著. --

深圳：海天出版社，2012.1

（自然国学丛书）

ISBN 978-7-5507-0302-5

Ⅰ．①移… Ⅱ．①于… Ⅲ．①圆明园－传统文化－研

究 Ⅳ．①K928.73

中国版本图书馆CIP数据核字(2011)第224384号

移天缩地到君怀——圆明园文化透视

Yitiansuodi Dao Junhuai Yuanmingyuan Wenhua Toushi

出 品 人	尹昌龙
出版策划	毛世屏
丛书主编	孙关龙 宋正海 刘长林
责任编辑	秦　海
责任技编	蔡梅琴
封面设计	同舟设计/李杨

出版发行	海天出版社
地　　址	深圳市彩田南路海天综合大厦7-8层（518033）
网　　址	http://www.htph.com.cn
订购电话	0755-83460137（批发） 83460397（邮购）
设计制作	深圳市线艺形象设计有限公司　Tel：0755-83460339
印　　刷	深圳市华信图文印务有限公司
开　　本	787mm×1092mm　1/16
印　　张	13.75
字　　数	180千字
版　　次	2012年1月第1版
印　　次	2012年1月第1次
印　　数	3000册
定　　价	30.00元

总　序

　　21世纪初，国内外出现了新一轮传统文化热。广大百姓以从未有过的热情对待中国传统文化，出现了前所未有的国学热。世界各国也以从未有过的热情，学习和研究中国传统文化，联合国设立孔子奖，各国雨后春笋般地设立孔子学院或大学中文系。很显然，人们开始用新的眼光重新审视中国传统文化，认识到中国传统文化是中华民族之根，是中华民族振兴、腾飞的基础。面对近几百年以来没有过的文化热，要求加强对传统文化的研究，并从新的高度挖掘和认识中国传统文化。我们这套《自然国学丛书》就是在这样的背景下应运而生的。

　　自然国学是我们在国家社会科学基金项目"中国传统文化在当代科技前沿探索中如何发挥重要作用的理论研究"中，提出的新研究方向。在我们组织的、坚持20余年约1000次的"天地生人学术讲座"中，有大量涉及这一课题的报告和讨论。自然国学是指国学中的科学技术及其自然观、科学观、技术观，是国学的重要组成部分。长久以来由于缺乏系统研究，以致社会上不知道国学中有自然国学这一回事；不少学者甚至提出"中国古代没有科学"的论断，认为中国人自古以来缺乏创新精神。然而，事实完全不是这样的：中国古代不但有科学，而且曾经长时期地居于世界前列，至少有甲骨文记载的商周以来至17世纪上半叶的中国古代科学技术一直居于世界前列；在公元3～15世纪，中国科学技术则是独步世界，占据世界领先地位达千余年；中国古人富有创新精神，据统计，公元前6世纪至公元1500年的2000多年中，中国的技术、工艺发明成果约占全世界的54%；现存的古代科学技术知识文献数量，也超过世界任何一个国家。因此，自然国学研究应是21世纪中国传统文化一个重要的新的研究方向。它的深入研究，不仅能从新的角度、新的高度认识和弘扬中国传统文化，使中国传统文化获得新的生命力，而且能从新的角度、新的高度认识和弘扬中国传统科学技术，有助于当前的科技创新，有助于走富有中国特色的科学技术现代化之路。

本套丛书是中国第一套自然国学研究丛书。其任务是：开辟自然国学研究方向；以全新角度挖掘和弘扬中国传统文化，使中国传统文化获得新的生命力；以全新角度介绍和挖掘中国古代科学技术知识，为当代科技创新和科学技术现代化提供一系列新的思维、新的"基因"。它是"一套普及型的学术研究专著"，要求"把物化在中国传统科技中的中国传统文化挖掘出来，把散落在中国传统文化中的中国传统科技整理出来"。这套丛书的特点：一是"新"，即"观念新、角度新、内容新"，要求每本书有所创新，能成一家之言。二是学术性与普及性相结合，既强调每本书"是各位专家长期学术研究的成果"，学术上要富有个性，又强调语言上要简明、生动，使普通读者爱读。三是"科技味"与"文化味"相结合，强调"紧紧围绕中国传统科技与中国传统文化交互相融"这个纲要进行写作，要求科技器物类选题着重从中国传统文化的角度进行解读，观念理论类选题注重从中国传统科技的角度进行释解。

由于是第一套自然国学丛书，加上我们学识不够，本套丛书肯定会存在这样或那样的不足，乃至出现这样或那样的差错。我们衷心地希望能听到批评、指教之声，形成争鸣、研讨之风。

《自然国学丛书》主编

2011. 10

目　录

前言：每个人心中都有个圆明园

　　我自小生活在北京，也许去得最多的公园就是颐和园和圆明园了。在童年的记忆里，如果说颐和园是和长辈们游览的皇家园林，那圆明园就是我和一群小朋友们划船玩耍的好地方。这里的水道忽明忽暗，时而幽深，时而广阔，要是运气好的话，还会有嘣嘣直跳的鱼儿跳上船。作为出生在红旗下，成长在改革开放春风里的70年代出生的人，圆明园也不止一次地出现在小时候的周记作文里，那些曾经在圆明园散落的石块前发誓要"好好学习，天天向上"的豪情壮志，也随着日常重复的生活逐渐模糊在记忆里。在离开北京来到美国威斯康星大学后，给我印象最深刻的是关于西方文化景观和人文精神的学习。当我在聆听才华横溢的教授们深情自豪地讲述欧洲那些保护良好的古代园林和小镇，以及它们所体现出的西方文化精神的时候，圆明园那一片断壁残垣却不由自主地出现在我的脑海里。

　　圆明园作为大清帝国的文化中心和政治中心曾经是如此的辉煌，而当英法联军火烧圆明园时又是如此的惨烈，经历了大喜大悲之后又成为猪场、鸡场、农场等工农业用地兼遗址的地方，到如今再成为被国家保护的遗址公园。与很多著名的西方皇家园林一样，圆明园是世界文化艺术宝库里的明珠；所不同的是，她经历了太多的悲喜故事，如今已是辉煌不再，多少楼台烟雨中了。尽管如此，人们对她的情感却并没有因此而减少，反而更加强烈了。如果说中国园林建造的主要目的是营造一种心境，那么世界上也许很难再找到另一个像圆明园这样能集中承载如此多情感的地方。圆明园内春天姹紫嫣红开遍的花朵，是繁华；夏天酷暑中那成片连天的荷花边的枯叶，是无奈；秋天雨剑风刀中的西洋楼遗址，是悲愤；冬天枯树丛中的一声鸦叫，是孤寂；园内清晨断石上的一枕清霜，是苍凉；满地黄叶，怎么走都走不尽的长路，是迷茫；云在青山月在天的夜晚，是禅意；云飞意外，鱼儿偶然跃出池塘，是灵动；园内趴在石头上晒太阳的野猫，是闲情；密林下潺潺流动的小河，是幽静；划船刚由小河窄处突至福海，是豁然开朗；在福海边举目而望，处处水连天、天连水，是坦荡；站在一片斜阳中的西洋楼遗址前，体会"落后就会挨打，只有自强自立，才会赢得别人的尊重"，是奋发……这种集自豪与悲愤、灵动与深沉、喜悦与凄凉于一体的特质，是世界上任何一座园林都没有过的。圆明园就像是断臂的维纳斯一样，将人们的想象无限延伸，表达了很多即使是她辉煌时也无法表达的情感。可以这样说，每个人心中都有一个圆明园。正是因为如此，圆明园并没有从我们的精神生活中逝去，她无论是在辉煌还是落寞时，都体现出一种不亚于其他著名园林的人文气质。而本书的主要写作目的正是要通过对圆明园文化意象的解读，尝试恢复当时建园者的文化理念，发掘中国传统文化中所特有的人文精神，展现圆明园"花落春常在"的精神文化。

关于圆明园的造园艺术，已有不少学者进行过讨论和研究。比较流行的说法是皇帝们欣赏江南园林之美，仿制各地名园胜地于圆明园中，正所谓"谁道江南风景佳，移天缩地在君怀"。然而这种说法还远远不能反映圆明园的营造思想。诚然，圆明园内有一些仿制江南名园的建筑，但是这些建筑是随意摆放在园中的吗？如果不是，又是如何经过整体规划的呢？更何况在圆明园中还有大批不是仿制名园的建筑，它们又是通过什么思想来规划营造的呢？具体来说，为什么天然图画处是竹林？为什么在坦坦荡荡处要凿池养鱼？为什么在紫碧山房处种植果木？为什么西洋楼要建在福海的东北、长春园的北边？带着这些问题，我们回到圆明园第一次扩建，也就是她由一个皇子的御苑成长为政治文化中心的"万园之园"的最初时代。圆明园原为雍正皇帝作为皇子时的御苑。雍正二年，刚刚登基的雍正皇帝命山东济南府德平县知县张钟子等为圆明园看风水。此后，圆明园从雍正三年开始大规模扩建和营造。因此，张钟子的一篇风水报告就成为研究和了解圆明园规划思想的宝贵资料。而本书对圆明园文化的透视正是以这篇报告为核心资料的。

然而张钟子的这篇风水报告比较简短。他虽然指出圆明园是以中华大地西北为高山，东南接大海的地形地貌为蓝本，以九宫八卦为中心布置景区而修建，但只是阐述了圆明园的总体规划思想，对具体景区的营造却言之甚少。究竟圆明园是否按照这种规划思想来修建，还需要其他佐证。到乾隆年间，圆明园又一次大规模扩建，可以说圆明园在这一时期达到了它的顶峰，其中以著名的圆明园四十景为代表。本书正是以圆明园四十景为基础，尝试恢复当时建园者的文化理念。要想达到这个目的，在研究方法上就必须强调中国传统园林的特点。与西方几何式的花园相比，中国传统园林的第一特点就是"自然"。然而圆明园虽宛若天开，却是人造。在一幅幅美丽的自然风景画的背后是大量堆山挖湖的工程，甚至连圆明园内的第一大湖——福海也是人工湖。这些工程当然不是随意建造，而是根据某种营造思想和理念完成的。如果我们在研究中只强调传统园林的"自然"风景，而忽略这种自然风景背后建构的"自然之法"，很大程度上就会低估中国传统园林在营造上的创造性。

要想挖掘圆明园背后的营造思想，我们需要研究中国传统园林的第二特点——意境。中国传统园林讲究的是营造一种意境，正所谓"一切景物皆情语"，在看似自然平凡的风景背后都有触人心弦的情感和含义。因此，在研究方法上，本书是从人本主义的角度出发，对圆明园内各景区的象征含义和文化意象进行解读，力求多方位多角度地挖掘圆明园的营造理念。例如：天然图画位于东方，按当时布景的文王八卦是震卦，震属"木"，象征竹，所以天然图画为竹林。坦坦荡荡位于西方兑卦，兑为"泽"，象征池塘，所以坦坦荡荡凿池养鱼。紫碧山房象征昆仑山，昆仑山为西王母的居处，所以圆明园的果园建在紫碧山房，意为王母娘娘的蟠桃园。西洋楼位于象征大瀛海的福海对岸，代表九州以外的方外世界等等。

　　要想了解圆明园内各景区的象征含义和文化意象，我们需要着手于中国传统园林的第三特点——园内各景点、各建筑充满诗意的取名，其中许多牌匾、对联的文化含义。人们常说，要想知道圆明园有多美，就去看看她各景区的名字：九州清晏、镂月开云、天然图画、碧桐书院、上下天光、茹古涵今、长春仙馆等，仿佛一幅幅美景就在眼前。如果说中国传统园林讲究的是营造一种意境，那么园内各景的名字、牌匾、对联等往往就是这种意境的点睛之笔。这些东西很难从西方园林中找到，是中国传统园林的一大特点，因此也就成为研究圆明园营造思想的重要材料。关于圆明园的诗词歌咏，以乾隆皇帝御制圆明园四十景的题诗为顶峰。圆明园四十景图以写实的手法再现了圆明园内的美景，一向是圆明园研究中的重中之重。但与此相对的图咏（咏圆明园四十景的诗词）却并未得到相应的重视。乾隆皇帝作为圆明园的主人，御笔亲题的圆明园四十景咏与一般游记式的诗词不同，它们绝不是图画的点缀，而是集中反映了圆明园规划设计的理念和思想。这些景区的名字和题诗，与圆明园的风水报告相互印证，再加上对园内牌匾、对联和各景区的功能和主题景观的研究，圆明园的基本规划思想以及圆明园四十景之间的关系逐渐浮出水面。可以说，圆明园的建构是以自然山水为依托，禹贡九州的中华地理意念和九宫八卦的时空关系为中心，首尾贯穿昆仑、蓬莱两大神话体系，集中表现了中国传统文化中时空结合的意识和宇宙观，体现了中国人不仅用"逻辑"去思考这个世界，更是用"心"去感悟这个世界的思维方式。本书名为"移天缩地到君怀"，实为旧瓶装新酒：这里的"天"和"地"指的是圆明园文化所蕴含的中国传统的自然观和宇宙观，而这里的"君"不是指皇帝，而是像你我一样的每一个平凡人。希望能通过对圆明园的研究，展现东方特有的自然哲学和精神信仰。

在这里我要感谢丛书的主编们推荐我写《移天缩地到君怀》这本书，使我有机会以自然国学的视角对圆明园进行研究。同时，我还要感谢丛书的主编们对本书的中肯意见。我还要感谢我的导师奥斯特格林教授（Bob Ostergren）对我在文化景观研究方面的指导，以及博士论文答辩委员会的成员段义孚教授（Yi-Fu Tuan）、董伟教授(Wei Dong)、亨特教授(Mike Hunt)和奥兹教授(Kris Olds)。这里要特别感谢段义孚教授，他开创的人本主义地理学思想促使了我从人本主义的视角，以圆明园景观的文化象征含义为研究对象，从圆明园的物质文化入手，探究其背后的中国传统文化的精神内涵。我还要特别感谢董伟教授对我在中国传统建筑理念方面的指导，以及美国威斯康星大学地理系的朱阿兴教授对我的帮助。在编写的过程中，我也参考了不少学者的著作论文，特别是中国圆明园协会关于圆明园的大量调查和研究成果，谨在此向他们致以谢意。同时，我还要感谢我父母、姐姐于洪、姐夫王建对我写作本书的关怀和帮助。最后我还要感谢一个无论在我得意还是失意时，始终在我身边支持我的人——我的丈夫王榕勋。本书对圆明园的文化意象的解读，是圆明园研究上的一种大胆探索，现在呈献给广大读者，敬请批评指正！

第一章

东方梦幻园林的杰作

1.1 圆明园——解读中国历史文化的一个窗口

　　世界是什么样子？画家把自己内心对世界的感受用色彩和图案表达出来；诗人把他心中对世界的感情用韵律诗句讴歌出来；作家用他的笔把自己认知的世界用语言描绘出来；科学家追寻现象背后的科学规律，并用科学术语与数学公式将客观的世界表达出来；工程师则将科学理论运用到对世界的建造实践中。园林艺术家既是科学家，又是艺术家，他们通过对景观的设计建造来表现他们心目中的理想世界。在诸多的景观中，皇家园林最具代表性。它不仅可以反映一个时代和民族的建筑科学技术的水平，而且能够体现这个时代和民族对宇宙世界的认识和精神文化上的追求。可以这样说，皇家园林是在历史演进中一个国家文明程度的体现。

　　世界上任何一个有尊严、有独立文化系统的国家，都有代表本国智慧的国家园林，而许多文明古国都以自己民族的皇家园林作为国家园林的代表。例如，法国的凡尔赛宫苑、德国的波茨坦皇家园林、日本东京皇家园林、俄罗斯的冬宫和夏宫等等。在西方，无论是基督教的伊甸园，还是希腊神话中的爱丽舍田园，都为人们描绘了天使在森林中山泉边嬉戏的欢乐场景[①]。这种对于"天国乐园"的向往与企盼，使得人们凭借想象塑造了一种美好理想境界。因而，在西方皇家园林的发展过程中，无论是奢华与浪漫的法国园林、热情与秀丽的意大利园林，还是优雅与自然的英国园林，都不约而同地表达了不同民族对他们心目中的理想世界的向往。

　　中国被称为世界园林之母，中国园林大约诞生于公元前十一世纪，

---

① 郦芷若、朱建宁著：《西方园林》，河南科学技术出版社，2001年，第1页。

距今已有三千多年历史①。同其他国家的皇家园林一样，中国古典皇家园林同样表达了我们祖先心目中的理想世界。与西方古典园林的创造者不同的是，对自然和宇宙的感悟给中国园林的主人和设计者以极大启迪和创作灵感。在西方的皇家园林中，也许最为世人所称道的是其宏伟壮丽的宫殿和严格规划的园林设计。古希腊哲学家就推崇"秩序是美的"，大自然应该按照人头脑中的秩序、规则、条理、模式来进行改造。因此，西方皇家园林中的建筑、水池、草坪、花坛和阿波罗、丘比特等众神的雕塑和喷泉，往往讲究几何线条的规整性、秩序性，一览而尽，以几何形状的图案组合达到数的和谐。中国古代园林则相反，她的精华在于充分体现大自然的品格和宇宙万物相生相息的变化，进而抒发造园者的情感和理想，在现实世界里创造出人生所憧憬的完美境界。世界在我们祖先的眼中既不是人类战胜大自然的产物，也不是某一个至高无上的"神"的恩赐，而是"一花一世界，一叶一如来"，无论花石走兽、王公贵胄、平民布衣都在浩瀚的宇宙变化中经历着属于自己的喜怒哀乐。因此，中国的古典园林体现的是"一切景物皆情语"的心灵诗意，利用有限的空间，创造无限的情境。而园林的整体文化意象，是在空间上的展开和时间上的延续中感知的。古人"仰观天文，俯察地理，近取诸身，远取诸物，作八卦以类万物之情"，创造和发展了一套以阴阳八卦为时空布局的基础，时间与空间相结合的有机循环观念。因此在中国园林中，庭院重深，空间上要求循环往复、无穷无尽。无论是天文上的斗转星移，还是地理上的山川雨雪，或是人世间的悲欢离合，都可以通过时空结合的象征主义，从一个小小的古典园林设计中表达出来。在时空上的不同观念和处理方法，是中西造园文化理念上的本质区别。

在众多的古典皇家园林中，圆明园是中华民族文化在康雍乾盛世时期的智慧结晶。她体现了以中华民族为代表的东方文明在处理天、地、

---

① 周维权著：《中国古典园林史》，清华大学出版社，1990年，第9页。

人关系的特殊思维，表现了东方文明在环境布建中对理想境界的最高追求。圆明园在世界园林史上被称为"万园之园"。在山环水绕之中，她汇集了当时国内以至世界的若干名园胜景，以园中之园的艺术手法，将诗情画意融化于千变万化的景象之中。圆明园最著名的就是"圆明园四十景"（即正大光明、勤政亲贤、九州清晏、镂月开云、天然图画、碧桐书院、慈云普护、上下天光、杏花春馆、坦坦荡荡、茹古涵今、长春仙馆、万方安和、武陵春色、山高水长、月地云居、鸿慈永祜、汇芳书院、日天琳宇、澹泊宁静、映水兰香、水木明瑟、濂溪乐处、多稼如云、鱼跃鸢飞、北远山村、西峰秀色、四宜书屋、方壶胜境、澡身浴德、平湖秋月、蓬岛瑶台、接秀山房、别有洞天、夹镜鸣琴、涵虚朗鉴、廓然大公、坐石临流、曲院风荷、洞天深处），以及紫碧山房、藻园、若帆之阁、文源阁等处。因此，本书中对圆明园文化意象的解读，是以圆明园四十余景为基础，通过对其象征含义的研究，探寻其背后的精神内涵。

圆明园文化是东方人居环境审美的艺术，几千年来根深蒂固地根植于民俗之中，体现出"敬天法祖"的建筑规划特色。圆明园的兴建从萌芽、诞生、繁荣、鼎盛到被焚毁、计划重建、再被破坏，直到今日的"遗址公园"。认识圆明园文化如果离开了世界文化发展的时代潮流，离开了几千年中国建筑文化发展的历史长河，特别是离开了中国的园林建筑文化系统，是很难看清楚圆明园文化本质的。圆明园文化是东方儒、释、道结合的建筑文化，与西方建筑文化分属两种学科体系、两种思维方式、两种建筑文化传统。如果说西方的皇家园林是用艺术的形式将科学和宗教进行完美的统一，那么中国传统的皇家园林则是体现一种人与自然和宇宙进行交流的精神产物。这种精神信仰不能单纯地只用宗教、艺术或科学来理解。我们的祖先生活在天地之间，日出而作，日落而息，对自然和宇宙有着一种息息相通的特殊情感，并由此产生了一系列的自然哲学和精神信仰。这种情感对中国人精神信仰的作用不亚于世界上任何一种宗教，但与许多一神教的宗教相比，又少了几分执著，多了几分宽容。中国文化中这种对自然和宇宙的情感，虽然很多是以艺术的形式如诗歌、园林建筑等得以体现，却又有着单纯的艺术所没有的哲学义理和道德教化的功能。这种教化不是一种教条式的说教，而是通过营造一种自然山水的如诗如画的境界给人的心灵以净化和启迪。

圆明园作为中国皇家园林的杰出代表，集中体现了中国文化中的自然观和宇宙观。与西方"天国乐园"和几何式的花园相比，她"其材料必求之于自然，而其构造，亦必从自然之法则"[①]。因此她所呈现的并不是一种规则的线条和抽象的图案设计，而是一种更接近真实世界的自然形态。"故她虽理想家，亦写实家也"。

与现代经过科学规划的功能性建筑相比，她又多了几分天真性情。世界在中国古人的眼里不仅仅是一种客观存在，还是一种主观情感和客观存在并存的"万事万物皆有情"的"大千世界"。王国维在《人间词话》中说："境，非独谓景物也。喜怒哀乐，亦人心中之一境界。故能写真景物，真感情者，谓之有境界。否则谓之无境界。"圆明园建造追求的正是这种真感情的境界。所以她"虽为写实家，亦为理想家也"。

在中华民族走向世界的今天，我们对圆明园文化的研究应该尽可能从本土的文化出发，还原圆明园营造的古代传统理念，在研究圆明园四十景的艺术诗意的同时，发掘其背后的自然哲学和精神信仰。

1.2 西方文学巨匠雨果笔下世界文明史上的两类艺术奇迹

过去的艺术家、诗人、哲学家都知道圆明园，伏尔泰就谈起过圆明园。人们常说："希腊有帕特农神庙，埃及有金字塔，罗马有斗兽场，巴黎有圣母院，而东方则有圆明园。要是说，大家没有看见过它，但大

---

① 王国维著：《人间词话》。

家也梦见过它。这是某种惊世骇俗的杰作,在不可名状的晨曦中依稀可见,宛如在欧洲文明的地平线上瞥见的亚洲文明的剪影。"①

雨果说:"在地球上某个地方,曾经有一个世界奇迹,它的名字叫圆明园。艺术有两个原则:理念和梦幻。理念产生了西方艺术,梦幻产生了东方艺术。如同帕特农神殿是理念艺术的代表一样,圆明园是梦幻艺术的代表。它荟萃了一个民族的几乎是超人类的想象力所创作的全部成果。与帕特农不同的是,圆明园不但是一个绝无仅有、举世无双的杰作,而且堪称梦幻艺术之崇高典范——如果梦幻可以有典范的话。你可以去想象一个你无法用语言描绘的、仙境般的建筑,那就是圆明园。这梦幻奇景是用大理石、汉白玉、青铜和瓷器建成,雪松木作梁,以宝石点缀,用丝绸覆盖;祭台、闺房、城堡分布其中,诸神众仙就位于内;彩釉熠熠,金碧生辉;在颇具诗人气质的能工巧匠创造出天方夜谭般的仙境之后,再加上花园、水池及水雾弥漫的喷泉,悠闲信步的天鹅、白鹇和孔雀。一言以蔽之:这是一个以宫殿、庙宇形式表现出的充满人类神奇幻想的、夺目耀眼的神仙洞府。这就是圆明园。"②

世界的科学与文明因地域而异,其间经过不停地交流与融合、淘汰与创新。时至今日,其思维方式归根结底主要是两大源头、两种学科体系:一是西方的文明,它有一套建立在分析、抽象、归纳、演绎等逻辑基础上的思维方式与观察、实验、取样、分析等科学方法。在此基础上产生了理念艺术;另一个是东方的文明,它有一套取象比类、心物感应、象、数、理、气等的思维模式,从整体的有机观念出发,来认识天、地、人、生之间的关系。在此基础上产生了梦幻的艺术。西方的建筑学、规划学是随着第一次世界文化浪潮传入中国的。在此之前数千年间,中国人也有自己的城镇、也要住房子,这些建筑规划的实践基

① 张恩荫、杨来运编著:《西方人眼中的圆明园》,对外经济贸易大学出版社,2000年,第2页。
② 张恩荫、杨来运编著:《西方人眼中的圆明园》,对外经济贸易大学出版社,2000年,第1页。

本上是在风水思想指导下建成的。因此，建筑规划学的理论也包括两套系统：一套源自西方的系统，建立在古希腊、古罗马哲学的基础上；一套是传统的中国风水系统，建立在阴阳、五行学说的理论基础上。就像医学有一套西医的系统，它是建立在细胞学说、解剖学的基础之上；又有一套传统的中医系统，它是建立在阴阳、五行的整体有机理论之上，有天、地、生、人系统的有机循环观念，有"天人合一"、"天人感应"、"气"、"势"、"理"、"形"等等理念，被雨果称之为"梦幻艺术"[①]。理念艺术和梦幻艺术代表了两种不同的思维模式，二者在看待问题的角度上存在重大的差异。前者重精密的分析、准确的数量衡量，遵循固定的程序和法则；而后者重直觉的体会，正如《文心雕龙》所说"文无定法，神而明之"。它以人为中心，透过人的视角，从人的情感、想象和经验出发，了解自身，感受世界。今天，我们研究圆明园，正是要从梦幻艺术的思维角度，还原圆明园营造的传统中国文化理念。

1.3 圆明园——中华文化兴衰的一面镜子

圆明园与附园长春、绮春（万春）两园合称圆明三园。圆明园的盛、衰、起、伏，是近三百年来中华文化发展、变化的写照。圆明园始建于1709年，是康熙皇帝赐给皇四子胤禛（雍正）的"赐园"。1722年雍正即位后，依照紫禁城的格局，大规模建设。到乾隆年间，清朝国力鼎盛，以倾国之力、空前的规模扩建圆明园，是圆明园建设的高潮。圆明园的兴建、发展和高潮正是清朝的鼎盛时期"康雍乾盛世"。此后的嘉庆、道光、咸丰三代虽屡有修缮扩建，但由于国力日渐衰落，财力不足，圆明园也逐渐衰败，并在1860年遭到英法联军的洗劫和焚毁，成为

---

① 于洪著：《风水——圆明园的信仰口诀》，《中华遗产》，2006年第5期。

中国近代史上最惨痛的一段历史。圆明园的兴衰不仅是中华文化盛衰的一面镜子，也是我们了解中国近代史的一面镜子。在科学技术发展的今天，我们应该怎样对待我们的传统文化是一个不可回避的重要的话题。

世界各民族的历史过程表明：社会发展绝不是只有一条道路，而是形态各异，异彩纷呈。文明的冲突怎样解决？历史表明一种是"敬其所异、爱其所同"，多元并生，互相理解的方式；另一种则是真枪真炮、血与火的较量。然而，无论是什么国家和民族都需要经历种种严酷的考验，都无法保证自己永远都处在世界的最前列。因此，看待一个文明，不仅要看它在盛世时的辉煌，还要看它在弱势的时候怎样去渡过难关，然后奋起复兴。"后水复前水，古今相复流"。中国的文化并不像其他文明古国，只是盛极一时就衰落下去，从此一蹶不振。中华民族的文化五千多年以来一直绵延不断，屹立于东方大地。它虽经历了种种痛苦和劫难，但终于一次又一次地复兴而繁荣昌盛。在漫长的发展历程中，形成自己独立的文化系统。"天行健，君子以自强不息；地载坤，君子以厚德载物"。祖先的智慧早已融入我们的血脉之中。如今，距离那让人热血沸腾的新文化运动已过近百年，不知道我们在穿洋装、读洋书，享受西方文明所带来的便利之际，会不会在夜深人静、午夜梦回之时，发出像当年胡适一样的感慨："我们在思想方面完全是西洋化了；但在安身立命之处，我们仍旧是传统的中国人！"而这"安身立命之处"正是我们丢不了的文化基因——中国传统文化中的思维模式、道德规范和精神信仰，也是我们要通过解读圆明园的文化意象所要追寻的。

1.4 圆明园文化的三个层次

在世界文化之林中，中华文化也许是最具美学智慧的。它是诗性的文化。说是诗性的，主要因为中华文化重感性。重感性不唯感性，其感性的表意方式中潜藏着丰富的哲理。原西南联合大学和北京大学中文系主任罗庸教授1942年说：

"中国建筑在中国文化上有着极重要之地位，如看西洋中世纪以前建筑（如罗马教堂），往往使人感觉宗教之崇高而自己的渺小，至近代纽约建筑则给人以压迫的感觉。中国建筑反之，中国建筑予人之感觉则以人为主，物则为宾。任何建筑似均可玩之于掌上者，尤以色泽之调和，富艺术之价值。如故都宫殿，墙基白色，上为红墙，再上为红柱黄瓦，给予人玲珑美丽之感。中国建筑文化不亡，则中国本位文化亦必不亡，且进而将影响西人之建筑"[①]。

从罗庸教授的说法中我们可以看出，中国建筑的特点是注重人与环境之间的情感互动。山、水、亭、桥，在古人的眼中都是富含生命的，而不仅是服从某种设计规则。而圆明三园是艺术价值极高的人工山水园林，被誉为"万园之园"。因此，她自然体现了中国文化的精华。从这个方面来说，圆明园文化表现为三个层次：

一为精神层次、哲学的层次。圆明园文化的主脉，如九州清晏、日天琳宇、上下天光等景区的布局在对有关宇宙生成、生命本源、天象、气候等领域有自己独特的系统思维，反映了中国古代对宇宙观念和天体演化的认识。这些认识体现了中国传统文化的哲学思维和精神信仰。

第二个层次为狭义的文化层次，是以"礼、乐、诗、画"为核心，包括语言、文字、音乐、绘画、礼俗和节庆活动等。第一、第二个层次在中国古代称之为"道"。"道"是软件系统，包括了一个民族整体的文化内容。

第三个层次为物质文化的层次，城市、民居、园林这些可视的器物在中国古代都称之为"器"。例如，圆明园的殿堂、房檐、门宇、厅堂、厨厕、厢房、耳房、回廊、过道，以及石雕、砖雕、木雕、联额、门匾、扇窗的细纹装饰等。第三个层次还包括圆明园的饮食文化、服饰

---

① 罗庸著：《中国文学史导论》，于乃仁记录稿本。

以及建筑园林的选址、规划、意境设计、室内装饰布置、家具形制等等。总之，第三个层次称为"器"，"器"属于文化的硬件系统。

圆明园文化包含着以上三个层次。文化的这三个层次形成了不可分割的有机统一整体，如影随形。今天我们研究圆明园文化，正是要从"器"的层次入手，进而了解"道"的层次，从而揭示出圆明园文化的哲学思维和精神信仰。

1.5 圆明园名字中"圆明"的由来

广义的圆明园由圆明、长春、绮春（万春）三园组成，共占地5289亩。圆明园原是康熙皇帝赐给皇四子胤禛（即后来的雍正皇帝）的一处花园，后经雍正朝大规模拓建及乾隆初年增建，至乾隆九年乾隆皇帝分景题诗成"圆明园四十景"。圆明园以中国的传统园林为主体，在长春园还有海晏堂、远瀛观等西洋风格的建筑群。圆明园不仅是清朝皇帝休憩游览的地方，也是他们朝会大臣、接见外国使节、处理日常政务的场所。

圆明三园总体呈现一主二从的大格局：作为主园的圆明园和作为从属的长春、绮春二园。"长春"、"绮春"的名字从某种程度上来说体现出了清朝皇帝"体元出治，于时为春"的政治理想。圆明园作为主园，它的园名也是由康熙皇帝命名的。为什么叫圆明园？从美学的角度来说，圆代表了一种完美的物体形态，而明则象征着清澈明亮，是世上最美好的颜色。所以可以这样说，"圆明"囊括了一切形体美和颜色美，也许世界上只有太阳和十五的月亮才具有"圆明"的秉性。雍正皇帝曾阐述"圆明"二字的含义为："圆而入神，君子之时中也；明而普照，达人之睿智也。"意思是说，"圆"是指个人品德圆满无缺，合乎时宜；"明"是指政治业绩明光普照，明智而有远见。可以说，

"圆明"是古代中国明君贤相的理想道德标准。而乾隆又在《圆明园后记》里进一步解释，营建圆明园是为了"对时育物，修文崇武，煦万汇，保太和，斯跻斯世于春台，游斯人于乐国"。园子里的"朝署"是为了"乘时行令，布政亲贤"；"田庐蔬圃"是为了"验农桑……量雨较晴"；"细旃广厦"是为了"时接儒臣，研经史以淑情"[①]。可以这样说，康、雍、乾三个人都不仅仅满足于园居的怡情山水，而是常常由自然景致想到修心治世。中国古代的传统，是把艺术作为一种教化的手段。自然的风景，抑或灿烂的星空，就像慈祥睿智的老师不仅传授人们生活生产的经验和知识，而且教会人们做人的道理。因此，圆明园里的那些如诗如画的景色有着天文星象、自然地理的寓意，并体现出了中国传统文化中的道德规范。

1.6 圆明园建设规划的整体思想

圆明三园虽宛若天开，却是人造。园内有着大面积的人工筑山理水。圆明三园共占地5289亩。其中，人工筑山258座，占地797.74亩；人工理水形成的河湖水面，占地1874.34亩，人工山形水系共占地2672.08亩，约为全园面积的一半[②]。在如此巨大的造园工程的背后，显然是不可能没有整体的规划设计思想的。也就是说，著名的圆明园四十景之间不是孤立和毫无关系的，而是根据某种建筑规划思想，按照一定的格局呈现在人们眼前的。我们如果想要发掘圆明园背后的规划思想，解读圆明园的文化意象，就应该回到圆明园修建之初，也就是雍正皇帝登基，兴建和扩修圆明园的时代。圆明园从雍正三年大规模营造到乾隆年间达

---

① 乔匀著：《众流竞下汇圆明——圆明园四十景意境初探》，《名家眼中的圆明园》，文化艺术出版社，2007年。
② 杨振铎：《略论圆明园山水——感悟圆明山水遗存》，《中国圆明园学会纪念圆明园建园300周年国际学术研讨会论文集》，2007年。

到顶峰，前后经历了约半个世纪的逐步扩建过程。因此在雍正二年，山东济南府德平县知县张钟子等为圆明园看风水的报告（见附录1），也就成为研究和了解圆明园规划思想的宝贵资料。

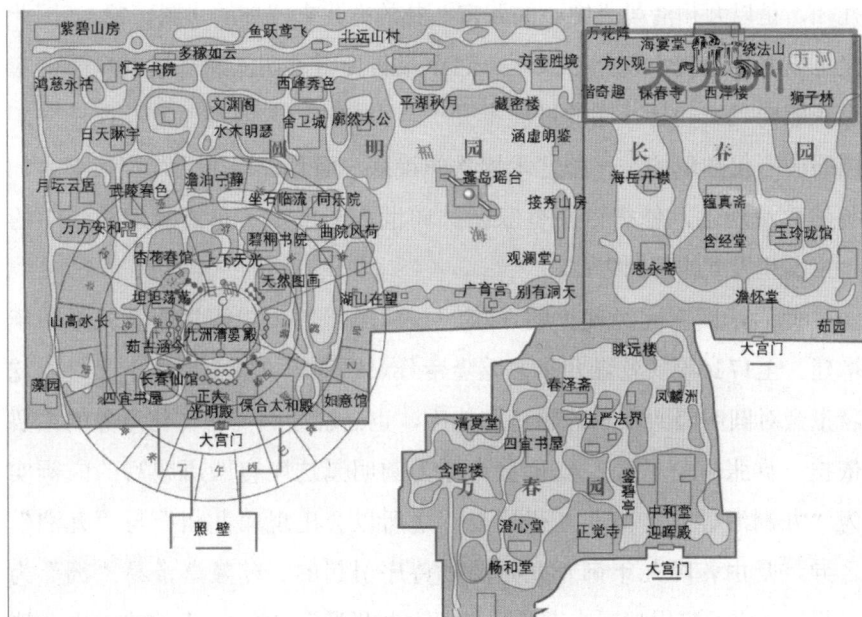

图 1-1 圆明园的文化意象示意图

雍正二年(1724)，刚刚登上皇帝宝座的雍正帝意气风发，打算扩建从前当王爷时的赐园——圆明园。于是内务府请山东济南府德平县知县张钟子及潼关卫廪膳生员张尚忠等人察看圆明园风水。他们察看圆明园的山川地貌，特别从外形、山水、爻象等方面来分析这座宫苑的形胜，以诊断吉凶。他们对圆明园的风水作了系统的调查并正式报告雍正。论山水外局，圆明园符合中国地理西北高、东南低，西北接昆仑山，东南连大海的"九州四海"的意象；论园内的布局营造，圆明园体现了九宫八卦的建筑理念，反映了中国传统文化中"上应天星，下合地理；隐秀开泰，藏风聚水"的自然观和宇宙观。圆明园无论是选址、布局还是营造都是"上合天星，下包地轴，九州四海俱包罗其内"。其核心区域就是位于后湖上的九个小岛和前湖周围的景区，包括牡丹台、竹子院、梧桐院、涧阁、菜圃、金鱼池等景区①。九个小岛中最大的一个叫做九洲清晏，是这个区域的皇极中心。这个景区在文化意象上，象征《禹贡》中的九州，是以九州清晏为中心的九宫八卦的方式来规划的（图1-1），因此又可以看作是"小九州"景区。这个报告使得圆明园从一般的皇子的王宫花园向皇室朝廷花园的过渡上升了一大台阶。与其他王府花园不同，圆明园不仅体现的是一种艺术层次的诗意，而且表现出了九州天下大一统的政治观念，使得这座皇家园林向世人展现出了东方梦幻神话中的"宇宙和天下的蓝图"。

此后，圆明园经雍正朝（1723～1735）的大规模拓建及乾隆初年增建，至1744年（乾隆九年）乾隆帝分景题诗成"圆明园四十景"。乾隆皇帝对圆明园四十景的题诗和诗序，也是解读圆明园文化意象的主要依据。据张恩荫考证，雍正皇帝原为圆明园这座寝殿所题写的匾额实为"九洲清晏"，而非九州清晏。之所以会出现"九州"与"九洲"之异，是由乾隆九年御制九州清晏诗序引起的。乾隆皇帝易"洲"为"州"，实乃借用战国末期驺衍的"大九州说"之意②。乾隆在《九州清晏》诗序中曾说道，"驺衍谓'裨海周环为九州者九，大瀛海环其外'。兹境信若造物者施设耶"。驺衍是战国时哲学家、阴阳家的代表人物。他提出的"小九州和大九州"的学说论述的是"赤县神州"（中国）作为小九州只是全世界中的一个小部分。小九州有裨海（小海）环绕，九个小九州，九九八十一州为一个大九州。大九州又另有瀛海（大海）环绕。根据乾隆皇帝九州清晏的诗序，漂浮在前湖和后湖的九个小岛，俨然就是被小海包围的"赤县神州"（中国）了。那么在这个小九州之外，有没有大九州呢？从象征瀛海（大海）的福海放眼望去，位于福海

---

① 见园景十二咏，收录于《雍正御制诗文集》卷二十六。
② 张恩荫著：《"九洲清晏"景（殿）名辨》，《圆明园研究》2008年第1期。

东北部的西洋楼不正是位于大海对面的方外世界吗？（图1-1）因此，无论是从九州清晏的诗序还是圆明园的布局来看，驺衍的大小九州说对圆明园的规划有着很重要影响。

总体来说，圆明园的规划设计本着"内赤县之神州，外殊方而异俗。四方万国，无一民之所失，穷陬僻壤，无一物之不遂"的精神树立的。"九州"是中华地理文明神圣的象征。圆明园的山水格局以西北为首，东南为尾。首尾之间贯穿了两大系统的神话故事，也即从昆仑到蓬莱。而总体布局是以驺衍的大九州和小九州的宇宙观为基础的东方梦幻艺术的"世界地图"（如图1-2）。具体地说（见附录2圆明园全景图）：

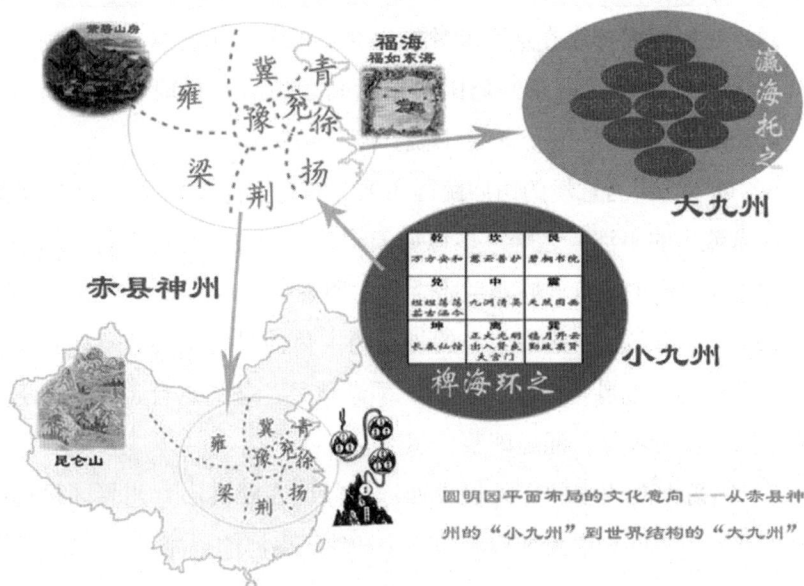

图1-2 圆明园平面布局的文化意象：从赤县神州的"小九州"到世界结构的"大九州"

1. 圆明园无论是外部自然环境，还是内部的山形地貌都符合九州四海俱包罗其中的天下观；

2. 圆明园的核心小九州景区是按照九宫八卦的思想建造的，体现的是中国建筑时空结合的传统文化宇宙观。小九州景区包括以九州清晏为中心的正大光明、勤政亲贤、镂月开云、天然图画、碧桐书院、慈云普护、上下天光、杏花春馆、万方安和、坦坦荡荡、茹古涵今、长春仙馆；

3. 圆明园的设计规划充分体现了法天象地的原则。天上的星宫如紫微垣、太微垣、天市垣等都可以在这里找到它们的影子。这一区主要包括九州清晏、勤政亲贤、坐石临流、西峰秀色、曲院风荷、大宫门、山高水长、洞天深处等；

4. 西北乾地为宗教建筑比较集中的地区。在文化意象上，这些景区主要以精神信仰和世外仙界为主题，表达了"儒、道、佛"三位一体的内涵。它们主要分布在从西北象征昆仑山的紫碧山房从天而降到"小九州景区"的龙脉（中龙）周围，包括紫碧山房、月地云居、鸿慈永祜、日天琳宇、武陵春色、汇芳书院、濂溪乐处；

5. 以重农耕为意境的田庐蔬圃主要分布在园内"北龙"（从紫碧山房向东流出的小河）之畔（多稼如云、鱼跃鸢飞、北远山村）和小九州景区之北（澹泊宁静、映水兰香、水木明瑟）；

6. 以蓬莱东海和壶中天地的神话为主体的景区主要分布在福海周围，主要包括方壶胜境、澡身浴德、平湖秋月、蓬岛瑶台、接秀山房、别有洞天、夹镜鸣琴、涵虚朗鉴、廓然大公；

7. 骖衍大九州中的方外世界西洋楼景区在距离小九州景区最远的长春园北部。中间相隔象征裨海的小湖和象征瀛海的福海。

第二章

自然环境：九州四海俱包罗其中

2.1 圆明园的选址与兴建

北京西郊是风景非常优美的地方。历代在北京建都的统治者，都看中了这一带的绝美景色，相继在这里建立了不少的园林离宫。自辽时圣宗开泰年间（1012～1020）首先在玉泉山建立了行宫，金章宗年间（1190～1208）又建造了芙蓉殿，并在香山营建了景会楼。由这个时候开始，渐渐形成了燕北的名胜区域[①]。到了明代，武清侯李伟在海淀镇西北修建了一所花园式别墅清华园。这座建在海淀附近的"京国第一名园"，自然是以水取胜，并以禽鱼花木而名播遐迩。《泽农吟稿》也说，"武清侯海淀别业引西山之泉汇为巨浸，缭垣约十里，水居其半。叠石为山，岩洞幽居。渠可运舟，跨以双桥。堤旁俱植花果，牡丹以千计，芍药以万计。京国第一名园也"。不久之后，著名书法家米万钟也在这里建造久负盛名的勺园。叫"勺"园，是取"海淀一勺"之意。根据北京大学教授侯仁之的说法，这两座享有盛誉的园林于明清易代之际，遭遇到荒废的命运。

清朝统一中国后，康熙曾经六次南巡。他来到南方时，对江南的灵山秀水产生了很大的兴趣。康熙初年，北京大内遭火灾后重修，为了防火，也可能为了防范宫廷暴乱而将各宫院之间以高墙隔绝开，形成许多封闭的院落，很不适宜居住。于是康熙打算选择一处清静空旷的地方另建御园居住。他看中北京西郊的宜人山水，尤其是其水景，让人流连忘返。《明水轩日记》说："清华园前后重湖，一望漾渺，在都下为名园第一。若以水论，江淮以北亦当第一也。"于是他命善画山水的叶洮（字金城，号云川，青浦人）设计，在北京西郊海淀，明朝李伟的

---

① 王威著：《圆明园》，北京出版社，1980年，第1页。

清华园旧址旁，修建了畅春园，作为他"避喧听政"的地方。 畅春园名字中的春字，本来只是个季节的名称，康熙却解释为"体元出治，于时为春"。他要把国家治理得永远像春天一样美好。他在《畅春园记》中写道："既成而以畅春为名，非必其特宜于春日也。夫三统之迭建，以子为天之春，丑为地之春，寅为人之春，而《易》文言称乾元统天，则四德皆元，四时皆春也。先王体之以对时育物。使圆顶方趾之众各得其所，跂行喙息之属咸若共生。光天之下，熙熙焉，皞皞焉，八风罔或弗宣，六气罔或弗达，此其所以为畅春者也"（《日下旧闻考·国朝苑囿·畅春园》）。因此，以"春"为园名，并非只是怡情山水，而是从山水季节的诗意中体现出他治国的政治抱负。

自畅春园建成以后，康熙帝每年都有一百多天居住在西郊，诸皇子也都随驾住进御园。当住在皇宫大内中的皇子长大成人、封爵分府以后，住在西郊御园中的这些皇子，也要在适当时机，从御园西花园荷池四所迁出，移居到在畅春园周围新建的皇子赐园。如皇四子胤禛的赐园是圆明园，皇九子允禟的赐园是彩霞园。据《康熙实录》记载，康熙皇帝至少曾经5次游幸圆明园。康熙六十一年（1722），康熙帝玄烨专程到圆明园的牡丹台观赏牡丹。当时除胤禛陪侍外，时年12岁的皇孙弘历（后来的乾隆皇帝），也在这里首次见到其祖父。玄烨非常喜欢这个活泼可爱的孙子。于是，主宰中国命运长达130余年的康雍乾三朝天子，在牡丹台会聚一堂，传为佳话。一些历史学者认为，后来雍正胤禛、乾隆弘历之相继承袭帝位，未必不与这次牡丹台相会有一定的内在联系。而圆明园的兴建和发展也就成为康乾盛世的一个历史见证。

2.2 圆明园自然环境的文化意象：九州大一统的天下观

圆明园内包含了大量的人工筑山和人工理水形成的河湖水。如此巨大的人工筑山和理水，自然不会是胡乱堆砌的，而是根据某种规划理念修建的。那么这种理念是什么呢？ 雍正二年，新授山东济南府德平县知县张钟子曾对圆明园的山水地貌作出如下评价："西北为首，东南为尾，九州四海俱包罗于其内矣。"因此圆明园总体的象征意义就是"九州四海俱包罗于其内矣"。乾隆皇帝在圆明园的核心景区九州清晏的诗序中也曾写道："驺衍谓裨海周环为九州者九，大瀛海环其外，兹境信若造物施设耶！"可见圆明园的山水地貌的规划，离不开驺衍提出的大九州与小九州的文化意象。

"九州"这一概念最早出自《尚书·禹贡》，相传四千年前的大禹王将中国划分为"九州"。《禹贡》一书记录这九州，是概念地理区划的先驱，后代儒家认为"九州"是"夏制"，对我国几千年来的地理观念，产生了深远的影响。"九州"的行政疆界，实际上是以天然的山（岱、华、荆、衡等）、河（河、济、淮、黑等）、湖（大陆、雷夏、大野、彭蠡、云梦、菏泽等）、海（东海、南海、北海）来作为政区界线的标志的。所以，它较仅按方向、道理来决定位置的地理思想已大大前进了一步。这九州的划分是：冀州，兖州，青州，徐州，扬州，荆州，豫州，梁州，雍州。

战国时期著名阴阳家驺衍在禹贡九州的基础上提出了大九州的地理观念。据《史记·孟荀列传》记载："以为儒者所谓中国者，于天下乃八十一分居其一分耳。中国名曰赤县神州。赤县神州内自有九州，禹之序九州是也，不得为州数。中国外如赤县神州者九，乃所谓九州也。于是有裨海环之，人民禽兽莫能相通者，如一区中者，乃为一州。如此者九，乃有大瀛海环其外，天地之际焉。"驺衍认为《禹贡》中所说的九州只是整个宇宙世界的一部分。也就是说中国为赤县神州（或称小九州），被周围裨海（小海）环绕着。在中国这"赤县神州"之外，还有八个像中国这样的小九州存在。这九个小九州共同组成大九州，周围有瀛海（大海）环绕着，共同组成了世界。世界有四级支撑着。从小九州到大九州中间有裨海和瀛海。瀛海之外则称之为"方外"。

这个学说对后世影响很大，第一个关于宇宙之奇书——《山海经》，就是根据大九州说的方式来编排的。《山海经》中也出现了中华版图的核心部分是小九州，即赤县神州。九州在大地上还可以与代表着天、地、风、雷、湖、日、山、泽的八卦相配，形成九宫八卦的地理观念。后来许多学说都有驺衍思想的痕迹；明代郑和下西洋和当时人们相信大九州说关系密切。而乾隆皇帝在九州清晏景区的诗序中所提到的："驺衍谓裨海周环为九州者九，大瀛海环其外"，也是指驺衍小九州和大九州的天下观。

2.3 圆明园自然环境的外局

清代的《阳宅十书》指出："人之居处宜以大地山河为主，其来脉气势最大，关系人祸福最为切要。"风水学重视山形地势，把小环境放入大环境考察。北京西北的海淀区在清朝开国之前就已被选为营建宫苑的好地方。北京的园林与北京大的地理环境关系密切。中国陆地由五大地理单元组成，东北大平原、华北大平原、西北高原山地、长江中下游平原和珠江流域。北京就在前三大地理单元的接合部。北京 "左环沧海，右拥太行"，拥有"虎踞龙盘"的地理形势，也为园林建设提供了极为优越的自然条件。从空中拍摄的照片里，可以看到圆明园周围的地势自然柔和，实在没有与自然不和谐的恶劣地形。在这里我们可以看到连绵不断的山峰，在山下的平原上又可以看到清清的流泉，这些流泉发源于玉泉山，然后汇成了著名的昆明湖，余支又分散到近郊一带。每当春、夏两季，在我们的眼前呈现出一幅天然的图画。总的来说，圆明园的外局有以下特点：

2.3.1 太行山、军都山交会的"龙脉入首"位置

图2-1 "龙脉入首"的地形外局

风水师在《论外形》和《论山水》中对圆明园的外局如此评价："自西北（亥）龙入首，水归东南，乃辛壬会而聚辰之局，为北干正派，此形势之最胜者。"此句话勾勒出整个园子的地势西北高、东南低，龙脉的来向和水的流向在风水上属于上风上水的位置。

圆明园位于北京西北的海淀区内，北京的地势是西北高、东南低。北京的西、北、东北三面环山，西部是耸立于华北大平原与山西高原之间的太行山北段，统称西山。所谓的西山，是指永定河以东，城区西北部的百望山、香山、翠微山一带地区，主要集中在海淀区，属太行山脉。北京的北部和东北部的山地统称军都山，属燕山山脉，著名的八达岭（海拔1015米）就位于这条山脉之上。光绪《昌平州志》称："军都山，亦名居庸山，北跨宣化府怀来县界。"军都山向西北不远就进入广阔的内蒙古高原，是横亘于蒙古高原与华北大平原之间的天然大屏障。

太行山和军都山都是古都北京的天然护卫，具有特别重要的战略地位。北京西部的太行山余脉，北部的燕山山脉军都山，在昌平南口关沟相交，形成了南北走向的太行山脉和东西走向的军都山脉交会的"龙脉入首"位置（图2-1）。

"龙脉入首"是什么意思呢？在古代地理学中，连绵不断的山脉被称为"龙"，有龙连贯行走迹象的山脉称为"龙脉"。"龙脉"通常伴有随山的河流，称为"随龙水"。"龙脉"融入气穴（通常指城市、村镇等人聚居的地方）称为"龙脉入首"。"龙脉入首"通常是两列山脉交会之处。圆明园西部的西山是太行山余脉，北部的军都山是燕山山脉，均属昆仑山系。按风水理论来分析，对于北京这块风水宝地来说，西山和军都山是少祖山，太行山和燕山是祖山，而两列山脉的始祖山均为昆仑山。风水家认为昆仑山为万山之祖，所以龙脉来得绵远，声势浩大。两列龙脉在北京昌平的南口（南口是兵家要地）相交，形成一个向东南巽方展开的半圆形大山弯，此地方正是太行山、军都山交会的"龙脉入首"位置。而圆明园也正好位于这个西北圆形大山弯的环抱之处。难怪风水先生评价圆明园的外局为："外边来龙甚旺。"

总的来说，圆明园外的龙脉从西北亥方入首，而随龙水则流向东南方。古代风水罗盘上有二十四个方位，这些方位由"后天八卦方位"中的"四维"（即乾、坤、艮、巽），"十天干方位"中的"八干"（即甲、乙、丙、丁、庚、辛、壬、癸），以及"十二地支"（即子、丑、寅、卯、辰、巳、午、未、申、酉、戌、亥）组成。这二十四个方位组成的圆形方位体系又被称为"二十四山"（图2-2）。在"二十四山"中，辛的方位是西偏北，壬的方位是北偏西。而圆明园外的两条龙脉太行山脉和军都山脉沿着北偏西和西偏北的方向在圆明园外的西北亥位交汇，形成"亥龙入首"的风水格局，也可以说是"辛壬会"了。而随龙水——沿着龙脉的小河溪流，则是顺着地势流向东南方——辰位。所以从山势和水势的情况来看，圆明园风水的外局正是"辛壬会而聚辰"的完美风水格局。因此圆明园的风水报告写道："自西北亥龙入首，水归东南，乃辛壬会而聚辰之局，为北干正派，此形势之最胜者。"

图2-2 二十四山配置图

2.3.2 香山、玉泉山、万寿山的"三山"龙脉

在西山与北京小平原接壤之处，有着许多海拔高度不大的低山和丘陵。其中最著名的就有"三山"——香山、玉泉山、万寿山（图2-1）。太行山和军都山龙脉入首之后，龙脉的走势就顺着香山、玉泉山、万寿山来到了有一系列小的山冈环绕的圆明园。香山位于北京西北郊西山东麓，圆明园的西北方，明代学者称其山脊为青龙。玉泉山在香山东侧，山势为西北走向，六峰连缀，状如马鞍，逶迤南北。《宸垣识略》赞其为："玉泉山土纹隐起，作苍龙鳞。沙痕石隙，随地皆泉。"万寿山也称为瓮山，耸立在海淀西边大约五里的地方，在玉泉山东侧。它的独特之处是优美的曲线像一个瓮，并因而得名。玉泉山和万寿山交错相抱，山水相依，就像雌雄结合般调和。这些都是堪舆学上所显示的

兴隆象征。香山、玉泉山、万寿山坐落在圆明园周围，为圆明园提供了叠山曲水的外部环境。　雍正皇帝曾经写文赞圆明园："林皋清淑，陂淀渟泓，因高就深，傍山依水，相度地宜，构结亭榭，取天然之趣，省工役之烦。槛花堤树，不灌溉而滋荣，巢鸟池鱼，乐飞潜而自集。盖以其地形爽垲，土壤丰嘉，百汇易以蕃昌，宅居于兹安吉也。"（雍正，《圆明园记》。）山的情况是群山环抱，自西北而向东南。那么水的情况如何呢？

2.3.3 万泉河水系水源和玉泉山水系水源

在传统文化中，水有着特殊的象征含义。所谓"寻龙择地须仔细，先须观水势"。水是山的血脉，凡寻龙至两水交汇处，水交则龙止。由于水流的弯曲缓急千变万化，水流也被称作"水龙"。而水源则是人心之源，道德之源，政治之源。圆明园的水主要来自万泉河水系和玉泉山水系。

圆明园坐落在玉泉山山脚下有丰沛活水的平原上。玉泉山的水是断裂带深层涌出的喀斯特水，水量丰富，水质优良，自古以来就为人们所饮用，直至现在仍是北京的重要水源。玉泉山山下平地比昆明湖（原名瓮山泊）一带高出一米有余，泉水主要由高处顺地势注入昆明湖，一部分则向北流经青龙桥至肖家河，向东流入清河。万泉河水系导源于万泉庄。万泉庄至巴沟一带，清代这里有名的泉水就有28处，主要集中在泉宗庙内外。地下涌出的泉水，汇入万泉河的两个分支。由于万泉庄以南地势渐高，万泉河水由南向北流动，沿途又汇集了昆明湖和其他流泉，最后在长春园东北界外不远处汇聚，缓慢流入清河[①]。

清初，圆明园刚刚开始兴建时，引用的是万泉河水，与玉泉山水系无关。后来，圆明园扩建，原来万泉河水系的水量已远远不能满足需

---

① 何重义、曾昭奋著：《圆明园与北京西郊园林水系》，《圆明园》（第一集），中国建筑工业出版社，1981年版。

要，只好从昆明湖寻求新的水源。清朝乾隆初年，为加大城内三海的水渠和满足圆明园用水，扩大了昆明湖的贮水量，并在昆明湖的东岸开了"二龙闸"，由此引水东出流向圆明园。昆明湖水面标高比圆明园高4至6米，湖水一出二龙闸，即顺地势东流，经西马厂桥流入圆明园。其主流于圆明园西南角的藻园附近流进圆明园，一部分则供应圆明园宫墙外的"护城河"[①]。

风水家取舍水的标准，主要是以水的源流和形态为依据的。认为水要屈曲，横向水流要有环抱之势，流去之水要盘桓欲留，汇聚之水以清净悠扬者为吉，有直冲斜撇、峻急激湍、反跳倾泻之势者为不吉[②]。万泉河水系和玉泉山水系，像连续不断的银线，串珍珠似的把沿途十几处大小园林串起来，并在途中体现出不同的艺术风格。它们或辽阔，或蜿蜒；有宁静的水面，也有热闹的喷泉；大小变化，气象万千，正好符合理想的风水标准。圆明园是当时中国地理、文化的一个象征。

2.3.4 阴阳结合、山水相交的丘陵前沿

我们还可以用《周易》数的观点来解释圆明园。"八卦以河图为体，取用则从洛书，戴九履一，左三右七，二四为肩，六八为足"（图2-3）。根据九宫八卦中数的方位，圆明园外的主要山脉为属于太行山脉的西山和属于燕山山脉的军都山。二者在圆明园的西北处昌平南口相交，形成一个向东南即巽方展开的半圆形大山弯。因此，从《周易》数的角度来说，圆明园外的山脉分布主要为北1和西北6。用风水的术语来说就是"龙舆坐为一六合生成之数"。又因为燕山山脉和太行山脉均源自昆仑山脉，所以圆明园外的总山势的方向为从西北6到东南4。用风水

---

① 何重义、曾昭奋著：《圆明园与北京西郊园林水系》，《圆明园》（第一集），中国建筑工业出版社，1981年版。
② 一丁、雨露、洪涌：《中国古代风水与建筑选址》，河北科学技术出版社，1996年，第136页。

的术语来说是"向舆坐山为四六合十"。

圆明园外的水流主要源于万泉河和玉泉山水系,因此水源的主要方向为南方9和西南方2。用风水的术语来说就是"向舆来水为四、九合生成之数"。二水溶溶,由南9到北1流入宫墙。我们又可以从风水的方面理解为"龙舆来水,一九合十"。从山势的数的方向6和4和水势的数的方向9和1来看,6加4和1加9都等于10。所以从数的角度来说,圆明园外局的山势和水势可以说是阴阳平衡、山水相交了。

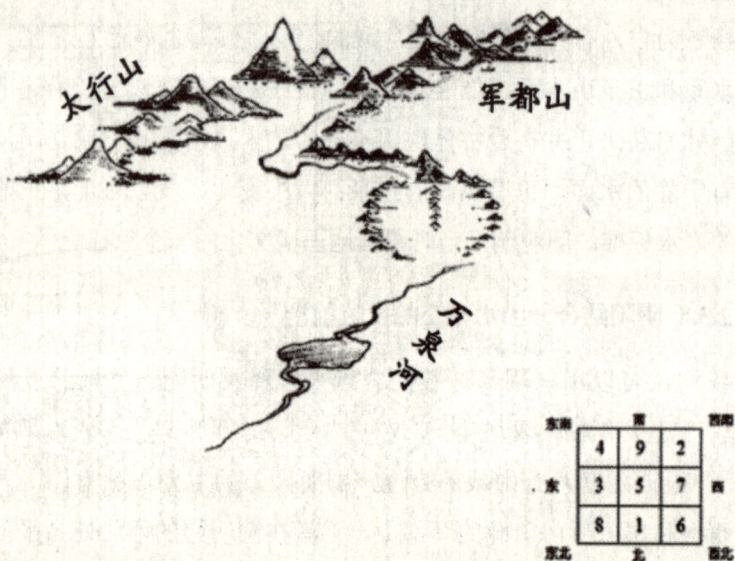

图2-3 圆明园山水外局的龙脉走向和"数"布局的示意图

2.4 圆明园山水形态的内局

圆明园位于"龙脉入首"的风水宝地,整体布局的安排特别和谐。在这座帝王宫苑里的自然风景背后,是大量人工的堆山造湖。而这些造园活动大多是根据堪舆学的理论而建造的。古人认为:中国的山脉从昆仑山发源，从西北入东南，经幽州、济州的一条，在黄河以北是北龙。在黄河与长江之间的一条经川蜀、益州、兖州、青州是中龙。长江以南的一条是南龙。这样一个天下山脉大势和圆明园的龙脉大势是完全一致的。所以圆明园的山水意象是把中国九州四海的大势，浓缩于一园之中。圆明园就是当时理想中的全国地理的一个缩影,把中国山河象征性地归纳于圆明园里了。

2.4.1 圆明园内的山形地貌是中国地理大势的缩影

中国的地理形势，每隔8度左右就有一条大的纬向构造，如天山—阴山纬向构造；昆仑山—秦岭纬向构造，南岭纬向构造。《禹贡》把中国山脉划为四列九山。唐代开元年间的天文地理学家僧一行，明确提出了山河两戒说，即两大山系说。自宋至明，又有三龙说，也就是三支山系说。风水学把绵延的山脉称为龙脉。龙脉又分为干龙、支龙、真龙、假龙、飞龙、潜龙、闪龙等类型。勘测风水首先要搞清楚来龙去脉，顺应龙脉的走向。据《赤霆经》云："天下山脉发于昆仑，以西北为首，东南为尾，幽冀为左臂，川蜀为右臂，豫、兖、青、徐为腹，黄河为大肠，江淮为膀胱，此天下之大势。"此段前几句描述古人认为中国的山脉发源于昆仑山脉，总的地势是西北高东南低。后几句则体现了东方梦幻的风水观念。"天地是一个大活体，人生是一个小宇宙"。如果把九州想象成为一个人的话，河北一带就像人的左臂，四川一带就如同人的右臂，河南、山西、河北、山东、江苏、安徽、湖北、江西、湖南、陕西、甘肃的大部地区就如同人的腹部，黄河就像大肠一样，江淮水系如同人的膀胱一样，由西向东蜿蜒曲折，最后流入东海，这便是古人眼中的天下活体观。

根据雍正二年的风水报告："园内山起于西北，高卑大小，曲折婉转，俱趣东南巽地；水自西南丁未流入，向北转东，复从亥壬入园，会诸水东注大海，又自大海折而向南，流出东南巽地，亦是西北为首，东南为尾，九州四海俱包罗于其内矣。"此句说明圆明园的山势地貌实际上是把当时人们心目中"天下的山脉大势"进行了浓缩。园内的山脉西北地势高而曲折婉转，逐级向东南平缓过渡。位于圆明园最高处的紫碧山房在园内西北部，象征着昆仑山。从紫碧山房出发自北而向东和南，共发三大脉络：园北一络、园中一络和园南一络。正好符合中国地理中的山形大势："龙脉源于西北的昆仑山，向东南延伸出三条龙脉：北龙，中龙和南龙。"按照圆明园内景区的文化意象，三龙的分布具体如下：

（1）北龙：即园北一络的北脉，由紫碧山房向东流出一条小河，包括多稼如云、鱼跃鸢飞、北远山村等景区，北龙上的景区主要以重农耕为意境；

（2）中龙：中脉由紫碧山房景区主峰南侧南出，隔水南出鸿慈永祜景区，向东南流去。中龙位于九州九岛的西北乾位，是园内主要的宗教寺庙集中地；

（3）南龙：南脉由紫碧山房西南隅山梁潜地远处，于西北门内拔地而起，一路南行，直抵藻园内外[①]。

2.4.2 圆明园内的河流水系是中国江河的象征

圆明三园风景大多与水有关。它引入玉泉和万泉两水系，在园中形成了自己完整的水系。其主流于圆明园西南角的藻园附近流进圆明园，一部分则供应圆明园宫墙外的"护城河"。圆明园入水口有二：一为万泉河引来的玉泉山、香山的泉水和山水，由圆明园宫门西边藻园入水口处入园，这是圆明园的主要入水口，圆明园大部分湖面用水来自此水口；二是黑龙潭边小清河引来温泉、阳台山、凤凰岭一带泉水和山水，从紫碧山房入水口处入园，保证圆明园北部鱼跃鸢飞、北远山村一带江南水乡风景区及西洋楼景区用水[②]。

---

① 杨振铎著：《略论圆明园遗址公园风貌》，《圆明园研究》，2008年第1期。
② 朱红、梁越著：《圆明园水资源综合可持续利用研究》，《圆明园研究》，第11期。

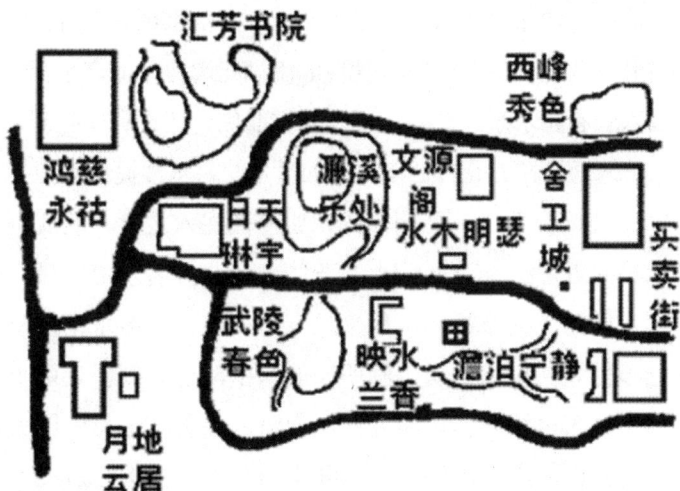

图2-4 圆明园西北水系示意图（何重义，曾昭奋："风物
长宜放眼量——圆明园西北景区"，《建筑师5》，
中国建筑工业出版社，1981年，第158页）

    水由藻园注入圆明园之后，北流至月地云居南面，分出另一支东流入万方安和湖面，继续北流的水则注入鸿慈永祐附近的河湖。从藻园至鸿慈永祐附近，地形南高北低，标高相差将近1米；到了濂溪乐处、柳浪闻莺一带，地形变为西北高而东南低（大致说来，是西高东低），水流一律改为自西向东流向，又分出三支流（图2-4），经过十弯八曲，湖泊溪涧，汇归于福海①。可以这样说，园内的水主要源于西南，但为配合"地脉咸祖昆仑"之势，特意引至园内西北而后灌注全园。并随地貌的变化，或垂落飞溅，或趵突涌现，或山间婉转，或流水潺潺，或聚水如镜，或汇流成湖海等各种自然水体形态，与筑山成为有机完整、宛自天成的山形水系②。

---

① 何重义、曾昭奋著：《圆明园与北京西郊园林水系》，《圆明园》（第一集），中国建筑工业出版社，1981年版。

② 杨振铎著：《略论圆明园遗址公园风貌》，《圆明园研究》，2008年第1期。

紫碧山房以东一段水体,与圆明园本部水系并不连通,它们由地下泉涌出汇流而成,东流至课农轩附近,才与本部水系相汇合;至天宇空明一带,又开了两道暗管,与方壶胜境的南湖相沟通,汇合了福海的水,经五孔闸泻入长春园水系。此外,在蕊珠宫北侧,还设有一孔闸,引天宇空明的湖水流入西洋楼万花阵西南,为西洋水法蓄水楼提供水源[①]。

从上述简介看出,圆明园的水由藻园注入之后,北流至月地云居和鸿慈永祜附近后,经过九曲十八弯;由西北流向东南,最后汇入福海。月地云居原先是皇家祖祠,后来皇家祖祠移到鸿慈永祜,月地云居就变成了一个佛寺。也就是说,圆明园的水由南至北到新老两个象征精神上的祖山的皇家祖祠后,由西北向东南流入福海。这与中国大地江湖河流由西北始祖山流出,流经太祖山和祖山,百转曲折之后汇入东边大海的地貌形态在大势上是吻合的。所以我们可以这样说,圆明园河流水系是中国江河水系的象征。

2.4.3 前湖、后湖、福海等水景,有着裨海、瀛海和东海的影子

山形水系,形成"以水为纲、以木为本"的园林骨架。盛时的圆明三园,是一处有着四个大湖泊的大型水景园林。位于圆明园中部的福海寓意"福如东海",不仅是祖国东海的象征,而且是驺衍大九州学说中的"瀛海"(大海)。她连接着象征中国九州大地的九州九岛和瀛海之外的方外世界——位于长春园北部的西洋楼景区。而在福海中间的蓬岛瑶台三个小岛,又象征着在大瀛海中称为"蓬莱"、"方丈"、"瀛洲"的"三神山"。

相对于福海来说较小的湖泊前湖和后湖,则像裨海(小海)一样环绕着象征赤县神州的小九州景区。这种瀛海裨海的文化意象,清楚地表达了乾隆皇帝所写的九州清晏的诗序里:"驺衍谓裨海周环为九州

---

① 何重义、曾昭奋著:《圆明园与北京西郊园林水系》,《圆明园》(第一集),中国建筑工业出版社,1981年版。

者九，大瀛海环其外，兹境信若造物施设耶。"圆明园中对水的处理，不仅在比例中（水面约占总面积的十分之四），是以东方"水为血脉"为理念，而且以骈衍的大九州与小九州的宇宙观为意象。因此形成了一个包括大中小水域，由无数条曲溪连缀，以山丘互补而成的山水园林系统。

　　总之，圆明园作为有着政治职能的皇家园林，无论是外部自然环境还是内部的山形地貌都符合"九州四海俱包罗于其内矣"的天下观。在外局上，圆明园位于太行山、军都山龙脉入首的位置之上，并与香山、玉泉山和万寿山的"龙脉"相连。园内地势西北高而曲折婉转，逐级向东南平缓过渡。园林的西北面是一座巨大的假山（紫碧山房），这是中国西部昆仑山的象征。园林的东面是一个巨大的人工湖"福海"，象征着中国的东海。湖中的宫殿是传说中东海上住着神仙的岛屿（蓬岛瑶台）。两大水源之一的玉泉山水系流经昆明湖，再与万泉山水系汇合，由圆明园西南角（丁未水）的藻园附近流入园中。因藻园至鸿慈永祜一带地势南高北低，故水入园后向北流，至月地云居处，分为南北两支——南侧东流注入万方安和湖面而汇于前后湖，北侧一支则到鸿慈永祜之后向东和东南流去。由于此地形西高东低，故虽经十弯八曲，湖泊溪涧，水流仍一律由西向东归于福海。所以风水先生评价其为："西北为首，东南为尾，九州四海俱包罗于其内矣"，正好与古人中的天下观吻合。

33

第三章

九州清晏为中心的九宫八卦布局

圆明园的核心区域位于前湖和后湖周围的九个小岛之上。包括以九州清晏为中心的正大光明、勤政亲贤、镂月开云、天然图画、碧桐书院、慈云普护、上下天光、杏花春馆、万方安和、坦坦荡荡、茹古涵今和长春仙馆景区。这十三个景区在本书中被统称为"小九州景区"。风水先生评价这里为："内边山水按九州爻象。"也就是说，小九州景区不仅在地理上象征禹贡九州，而且是按照九宫八卦的思想建造的，集中体现了中国建筑的时空意识和传统文化的宇宙观。

3.1 九宫八卦：中国建筑时空结合的宇宙观

中国古人生活在天地之间，日出而作，日落而息，忽有感触，四时景物既往来，心亦吐纳，情瞳昽而弥鲜，物昭晰而互进，情有所兴而发之为歌，无不情真意切，明朗而清新。他们上观天象，下察地理，形成了一套以九宫八卦为基础的时空结合的宇宙观。于是，他们参天营居，法天作城，力图达到天人合一的至善境界，并形成了在世界建筑文明中独特的"中国建筑的精神"。李约瑟对这种建筑文化曾经评价道："再也没有别的地方表现得像中国人那样热心体现他们伟大设想'人不能离开自然'的原则……皇宫、庙宇等重大建筑当然不在话下，城乡中无论集中的，或是散布在田园中的宅舍，也都经常显现出一种对'宇宙图案'的感觉，以及作为方向、节令、风向和星宿的象征主义。"[1]

在我们介绍中国传统文化中的时空意识和宇宙观之前，我们先简要

---

[1] Joseph Needham. 1971: Science and Civilization in China, Vol IV: 3 Civil Engineering and Nautics. Cambridge University Press.

地回顾一下我们所熟悉的以笛卡儿坐标系为基础的西方近代科学的时空观念。笛卡儿坐标系（Cartesian coordinates）就是直角坐标系和斜角坐标系的统称。相交于原点的两条数轴，构成了平面f放射坐标系。两条数轴互相垂直的笛卡儿坐标系，称为笛卡儿直角坐标系。假设我们用最简单的平面直角坐标系来表现空间和时间的关系（如图3-1），那么时间和空间分别位于两条可无限延伸的射线S和T上。 它们除了在原点外，并不相交。当物体运动时，可由其运动轨迹建立时间和空间的关系。但是，时间和空间本身是位于不同维度的变量，是可以无限延伸的。西方的公历纪元，简称"公元"，也是现在国际上通行的纪年体系，正体现了这种时空意识。"公元"以传说中耶稣基督的生年为公历元年（相当于中国西汉平帝元年）。而随着时间的流逝，每过一年就加一年，时间上的增长是无穷的。

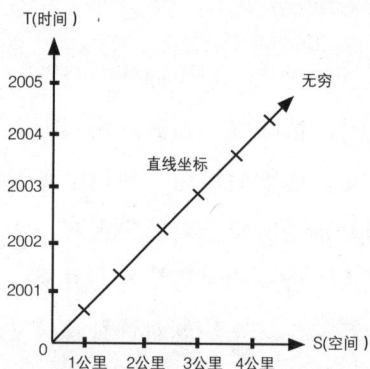

图3-1 时空坐标系

　　中国传统的时空观念与西方不同。它起源于上古时代天文地理测量时所用的"立杆测影"。古人通过对天、地、人的观察，用日影在地上的变化来表示时间的变化。日影的变化是循环反复的，并且与空间上的方位相对应（图3-2）。于是一种时空结合的宇宙观就产生了。在中国古人的眼中，时间和空间虽然是无穷的，却不是直线式无限延伸的，而是循环反复圆周运动的。而时间和空间也不是位于不同维度，而是相互融为一体的。因此，古人用于测量时间和空间的术语是可以互相转换的。比如，地支可以用来表示时间，也可以用来表示空间。例如，午马指的既是午时中午，又是方位南方。子鼠指的是正北方，一天之中的时间是夜里十一点钟过渡到第二天的一点钟。而西方的时间单位如小时、分钟等是无法转换成空间的单位如弧度、长度等的。古代中国在这种时空结合的宇宙观的基础上产生了干支纪年法。这种记录时间的方法是起始于甲子经过六十年又回到甲子，周而复始，循环不已。

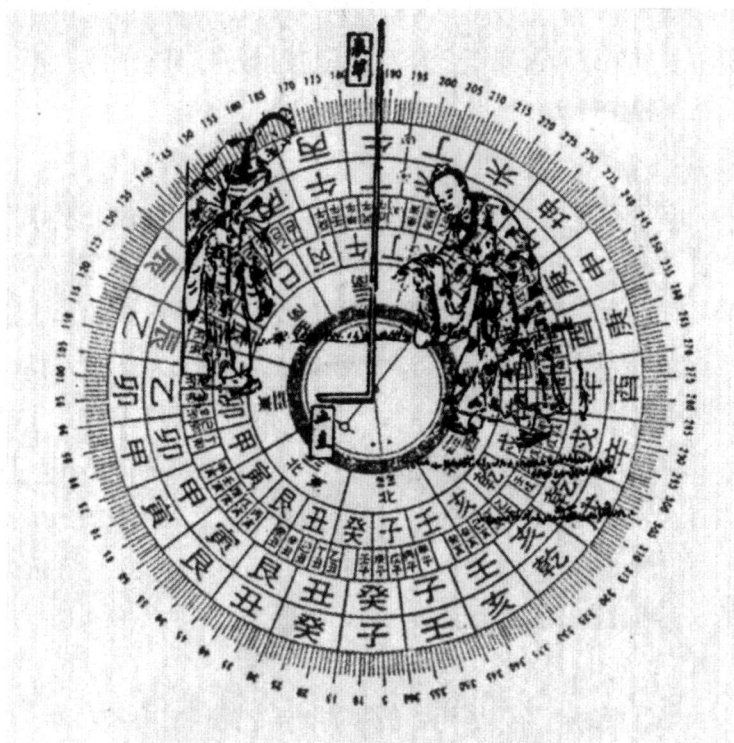

图3-2 立杆测影和中国传统的时空结合的观念

总之，与西方的时空观念不同，中国传统文化中的时空意识和宇宙观是从"近取诸身，远取诸物"、"法天象地"的自然规律中归纳而来。 西方的时空观念是时间和空间分裂开来的，时间可以被看做是无限延伸直到无穷的变量。譬如说今年是2010年，2010年是指从耶稣诞生，到今年是2010年，它并不是代表着一个方向，也并不代表着一个地方。在空间上，古代欧洲也以欧洲为中心，按照离自己的远近，以近东、中东和远东为方向，组成平面坐标来认识世界。而中国的宇宙观是"生、住、异、灭"循环轮回的一个宇宙观。时间和空间在某种意义上来说都是循环反复的，因而它们可以相互结合，相互转化，互不分离。如子代表的可以是一个方向——北方，也可以是时间——子时，也可以是一个时间循环的开始——子时为一天的开始等等。这种时空结合的宇宙观对中国人的思维模式和天人合一的哲学思想起到了十分重要的作用，它对于中国传统的建筑文化也有着很深远的影响，因此也是圆明园景区布局的基础。

可以这样说，中国传统文化中的时空结合的宇宙观集中体现在"太极生两仪、两仪生四象、四象生八卦"的九宫八卦中。《周易》被尊为"群经之首，诸子百家之源"。而八卦是我国古代的一套有象征意义的天、地、人相结合的符号。"古者包牺氏之王天下也，仰则观象于天，俯则观法于地，观鸟兽之文与地之宜，近取诸身，远取诸物，于是始作八卦，以通神明之德，以类万物之情"（《周易·系辞下》）。意思是说：太古时代，伏羲氏为王统治天下，他抬头观察天空中的星象变化，低头观察地理山水的形成法则，就近根据自身的情感经验，在远处观察万物的千变万化。于是他创造出八卦，以融会贯通的睿智和德行，来探索宇宙万物的变化规律。

《周易》中的"易"是什么意思呢？虞翻的《虞氏易》有"日月为易"之说。《易》是讲阴阳的书，"易"以日月代表阴阳，日代表阳，月代表阴，以象征阴阳二元论的哲学。后汉郑玄在他的著作《易赞·易论》里面，对于易这个字又进一步地进行了解释："《易》，一名而含三义；易简，一也；变易，二也；不易，三也。"郑玄认为：易的本质就是简易、不易、变易。"变易"是指宇宙间一切都在无时无刻地变化和运动着。然而，变化不息的宇宙，虽然在不停地运动，但是这种变化却不是杂乱无章的，是具备一定的法则性的，井然有序，循环不已。所谓"天不变，道亦不变"，这就是"不易"。什么是"简易"呢？既然宇宙万物的变化是有规律可遵循的，要想认识这一规律，就需要将纷繁复杂的事物简单化，这就是"简易"。

从郑玄的观点来看，易经中用阴阳符号（" ▬ "代表阳爻，用" ▬▬ "代表阴爻）这两个最简单的符号表示天下万物，可以说是真正体现了"简易"的精髓。八卦就是用三个这样的符号，组成八种形式。每一卦形代表一定的事物。乾☰代表天，坤☷代表地，坎☵代表水，离☲代表火，震☳代表雷，艮☶代表山，巽☴代表风，兑☱代表泽。八卦互相搭配又得到六十四卦，用来象征各种自然现象和人事现象。

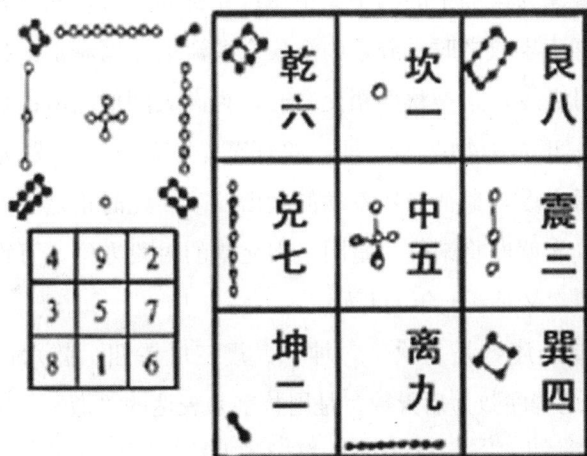

图3-3 河图洛书与九宫八卦

先天八卦的卦位为：乾南坤北，艮为山居西北，兑为泽居东南，震为雷居东北，巽为风居西南，离为日居东，坎为月居西。《周易说卦传》将其总结为，"天地定位，山泽通气，雷风相薄，水火不相射"。

后天八卦是从先天八卦演绎而来的。后天卦位是先起于震，因为震是东方之卦，《周易说卦传》中说："帝出乎震。震动也，物之生也，故居东。"因为太阳从东方升起，这时北斗星的斗柄就指向了东方，天下就是春天。后天八卦的卦位（图3-3）是离南、坎北、震东、兑西、乾居西北、坤居西南、巽居东、艮居东北，并深刻体现了中国传统文化中时空结合的宇宙观。

在中国传统文化里，时间和空间是相互对应的，它们的关系既符合自然规律，又富有诗意。一年十二个月，分四时八方，它与八卦关系如下（图3-4）：震卦在东方，春二月之令，正是春回大地之时，为茂树秀竹之象；巽卦在东南方，三、四月之令，正是万物欣欣向荣之时，为和风细草、花木茂盛之象；离卦在南方，五月之令，正是万物繁盛之期，为太阳普照之象；坤卦为西南方，六、七月之令，正是孕育万物，物之将熟之时，卦象为柔顺平静的平原小城；兑卦为西方，八月之令，正是果实累累、喜庆丰收之时，卦象为汇集众溪流的池塘湖泊；乾卦为西北方，九、十月之令，正是秋冬相交之时，为高大刚健之所；坎为北方，十一月之令，正是万物凋零之期，象征茫茫江海之地；艮为东北方，十二月、正月之令，象征岿然不动的大山丘陵，此时正是冬春之交，黑暗就快过去，光明即将来临，是阴、阳交错的时段方位。万物到此，既是一年的完结，又是新一年的开始。

后天八卦的序数是：坎一、坤二、震三、巽四、乾六、兑七、艮八、离九。这些序数为后天数，是用数字来表达的"道"。所谓"道"就是一生二，二生三，三生万物，揭示了人法地、地法天、天法道、道法自然的宇宙法则。后天八卦可与九宫洛书相配得九宫八卦图。山东济南府德平县知县张钟子等对圆明园风水的评价 "八卦以河图为体，取用则从洛书，戴九履一，左三右七，二四为肩，六八为足，皇极居中，八方朝拱，《洪范》九范，寅出乎此，此图内爻象俱按九宫布列，岂敢妄意增减"，指的就是这张九宫八卦图（图3-3）。

亥十月 戌9月 乾	子11月 北冬 坎	丑12月 寅1月 艮
酉8月 西兑 秋		东震春 卯2月
申7月 坤 未6月	离 南夏 午5月	巽 辰3月 巳4月

图3-4 时间与空间的相互关系（高友谦：《理气风水》，团结出版社，2006年，第90页）

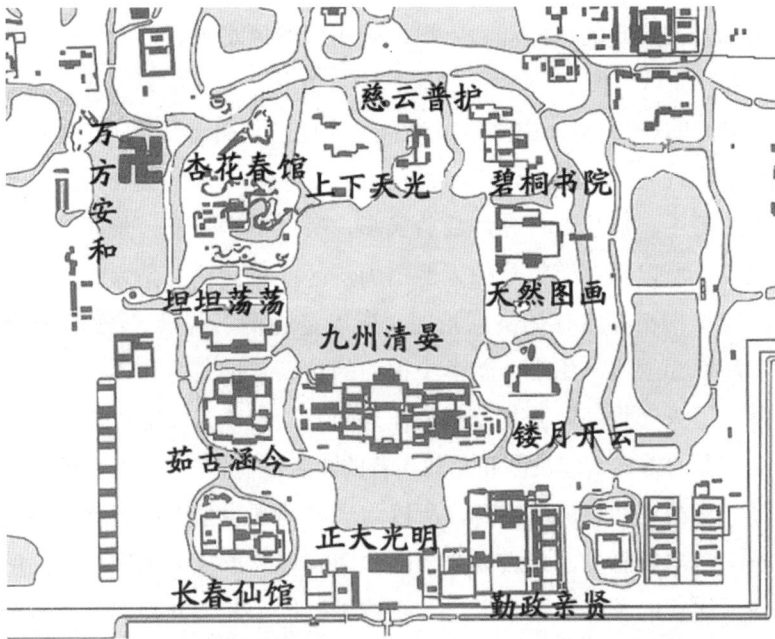

图3-5 圆明园的核心景区"小九州景区"（圆明园四十景图局部，《圆明园四十景位置图》，《圆明园四十景图咏》，中国建筑出版社，2007年，第1页）

乾 杏花春馆 万方安和	坎 慈云普护 上下天光	艮 碧桐书院
兑 坦坦荡荡 茹古涵今	九州清晏	震 天然图画
坤 长春仙馆	离 正大光明 大宫门	巽 镂月开云 勤政亲贤

图3-6 "小九州景区"的文化意象——九宫八卦的排列布局

　　九州在大地上与代表着天、地、风、雷、湖、日、山、泽的八卦相配，形成九宫八卦的地理观念。根据圆明园的风水报告，圆明园的核心景区小九州景区（图3-5），不仅象征中华九州，而且也是按照九宫八卦的思想建造的(图3-6)：中宫皇极为君王的寝宫九州清晏景区；正南离卦象征太阳，代表"向明而治"，为正大光明景区；东南巽卦为风，风为自然界的巧手，能雕刻月亮，裁剪云彩，所以是镂月开云景区；东方震卦象征竹，所以为万竿竹景的天然图画景区；东北艮卦是为山，山品行高洁，与梧桐树在古代的寓意相同，所以是碧桐书院景区；　正北坎卦为水，所以为"天一生水，慈孝生福"的慈云普护景区和"水天上下相连"的上下天光景区；西北乾卦象征天和龙，所以为象征"天道循环，生生不息"的万方安和景区和龙脉入首的"杏花春馆"景区；　西方兑卦象征泽，有池塘和聚集的寓意，所以为"凿池观鱼乐"的坦坦荡荡景区和"荟萃古今智慧"的茹古涵今景区；西南坤卦象征大地和母亲，所以为皇太后居住的长春仙馆景区。本章将讨论位于九州九岛周围十三个景区中的十一个。九州清晏和勤政亲贤将在下一章里着重叙述。

3.2 正南离宫——正大光明

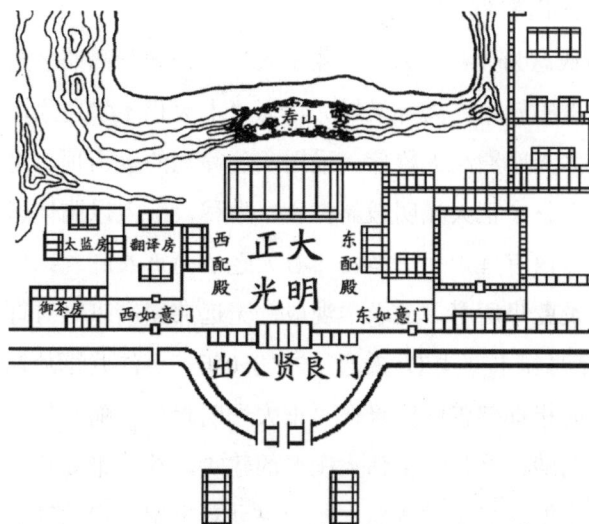

图3-7 正大光明（中国圆明园学会主编：《圆明园四十图咏》。
《圆明园》，1983年第2期，第77页）

正大光明（图3-7）位于九州清晏景区正南方，圆明园南向正宫门之内，为清帝御园圆明园的前朝所在。此景区南起宫门前大影壁，北至正大光明殿后的寿山，东西以如意门为界。从"山东德平县知县张钟子等察看圆明园风水启"一文来看，正大光明位于正南离卦区，是九紫之地。《周易》中正南是后天八卦中的"离"卦方位。"离卦"的本象为火，这里代表太阳。太阳东升西落，运行不息，用自己的光芒照亮大地。喻意人应该循正道，堂堂正正，充满光明，就像太阳一样用美德普照四方。"正大光明"一语出自朱熹的"古之圣君贤相所以诚意交孚，两尽其道，而有以共成正大光明之业也"。因此，此景取名为"正大光明"，象征太阳，代表"圣贤之心，正大光明，洞然四达"，也是政务清明、光明磊落、公正无私的一种象征。乾隆有诗对"正大光明"诠释："无偏极建福时敛（正），顺应物来量始宏（大）。利用国观惟俊呼（光），自呈鉴照待群情（明）。"因此，整个景区庭院设计庄重肃穆典雅，中轴线清晰，为影壁—大宫门—出入贤良门—正大光明殿—殿后寿山，以体现公正清廉的含义。

正大光明殿意为"在天为明日丽中天"，是太阳高照之象。风水上属贪狼吉星，贪狼属木，离卦又属火，为"木火相生"之象，在风水上大吉大利。正大光明殿高大雄伟，采用灰色筒瓦的歇山顶，坐落在较高的台基上，使得整个正大光明殿显得庄严肃穆，给人以胸怀坦荡、清正廉明的感觉。殿内有雍正手书楹联"心天之心而宵衣旰食；乐民之乐以和性怡情"，及乾隆所书"遹求宁观成，无远弗届；以时对育物，有那其居"[1]。东壁悬御书《周书·无逸》。1860年，英法联军劫掠烧毁圆明园时，英军临时指挥部曾两度设在"正大光明殿"。随军牧师麦卡吉记述："止大光明殿，乃是一个伟大庄严的建筑，约二十丈长，八丈宽。庄严赫奕，真不愧为皇家的气概。殿中央立着金銮宝殿的轩槛，走上三步台阶，上面安放宝座，纯是紫檀制的，雕刻极其华丽，座上铺着精美的绣花椅垫。天花板是木制的，雕镂着很深的花纹，华丽伟大兼而有之。殿内两隅，陈列着宽博而灿烂的碧玉碗盏。一边墙壁上，悬挂着一幅巨大而详细精致的行宫内庭院总图(即圆明园全图)，几乎把那片墙壁全部遮住。"[2]可见，在侵略者的眼中，正大光明殿是富丽堂皇的，与乾隆皇帝笔下"不雕不绘，得松轩茅殿意"的朴素大气，简单典雅的正大光明殿大不相同。究其原因，大概是侵略者来到圆明园，都不自觉地将其所见之物在其头脑中转换成英镑、法郎等金钱了，而对金银珠宝早已司空见惯的乾隆皇帝则是追求一种景物的意境和文化的品位。

正大光明殿东为叠落游廊，后靠寿山。这里"峭石壁立，玉笋嶙峋。前庭虚敞，四望壁外，林木阴湛，花时霏红叠紫，层映无际"（乾

---

① （清）于敏中等编纂：《日下旧闻考》,卷八十《国朝苑囿》，北京古籍出版社，1981年，第1326页。

② 张恩荫、杨来运编著：《西方人眼中的圆明园》，对外经济贸易大学出版社，2000年版。

隆皇帝"正大光明"诗序）。寿山周围耸立有数根巨大的笋石，其数量之多，形态之美，为现今园林所罕见。山上的笋石后来移至颐和园的仁寿殿。寿山为人工堆积而成，它一方面将正大光明景区与前湖九州清晏宫殿区分开，起到了天然影壁的作用；另一方面寿山位于正大光明殿的北部玄武位，象征大殿的靠山。 此外，位于圆明园南部的寿山与东部的福海形成"寿山福海"，这也体现出帝王"福如东海，寿比南山"的理念。

3.3 东南巽宫——镂月开云

镂月开云（图3-8），圆明园四十景之一，位于九州清晏景区东南部的一个小岛上。东南方在八卦中代表巽卦，在九宫中为四绿木天权文曲星，在季节上为春天。《说卦》中有云："万物出乎震，震东方也。齐乎巽，巽东南也；齐也者，言万物之絜齐也。"意思是：巽为风，为木。震先鼓之以雷霆，巽则润之以风雨，万物齐刷刷地生长。因此东南又可以看做是春天的草木，生机盎然，也可以比喻成蓬勃向上的年轻人。

"镂月开云"意思是能雕刻月亮、剪裁云彩的"巧手"。那么这个巧手是什么呢？唐朝诗人贺知章曾有"碧玉妆成一树高，万条垂下绿丝绦。不知细叶谁裁出，二月春风似剪刀"的诗句。此诗借柳树歌咏春风，把春风比作剪刀，裁剪出了春天的柳条和盎然的春意。巽在八卦里代表的正是风。当春夜风起之时，云彩时聚时散，就好像在雕刻月亮、剪裁云彩。乾隆把此景称为"镂月开云"，暗示了此处为东南巽地，表达的正是春风雕月剪云的深远意境。

巽在季节上位于初春和夏季之间，属于晚春，又是趋于完美的美好时节。镂月开云原名"牡丹台"，是圆明园早期的建筑之一，以种植牡丹而著名。牡丹不仅是完美的花中之王，更盛开于晚春时节，十分符合东南巽卦在季节和文化上的含义。唐代的舒元舆曾作牡丹赋称赞牡丹为："我案花品，此花第一。脱落群类，独占春日。其大盈尺，其香满室。叶如翠羽，拥抱比栉。蕊如金屑，妆饰淑质。玫瑰羞死，芍药自失。夭桃敛迹，秾李惭出。踯躅宵溃，木兰潜逸。朱槿灰心，紫薇屈膝。皆让其先，敢怀愤嫉？"出于对牡丹的喜爱，康熙在他的宫苑里种植了不同品种的牡丹。每一次牡丹花盛开的季节通常是晚春时分，在奇石秀水之间会有数以千计的花在翠绿的松树映衬下怒放。雍正曾有诗赞曰："叠云层石秀，曲水绕台斜。天下无双品，人间第一花。 艳宜金谷赏，名重洛阳夸。国色谁堪并，仙裳锦作霞"[1]。所以乾隆把牡丹台作为他最喜欢作诗的地方，一点都不会让人感到意外。

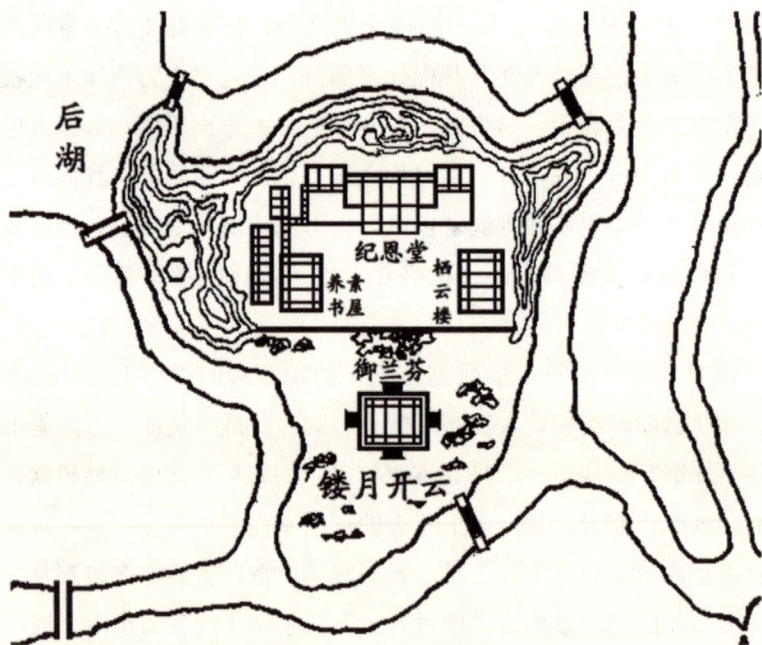

图3-8 镂月开云（中国圆明园学会主编：《圆明园四十图咏》，《圆明园》第2期，1983年，第83页）

[1] 见园景十二咏之牡丹台，收录于《雍正御制诗文集》卷二十六。

48

真正令牡丹台名声大噪的是康、雍、乾三代皇帝在此处共赏牡丹。康熙六十一年（1722）中旬，玄烨曾到圆明园游赏过一次，但是由于缺雨，花开不盛。后来下了一场大雨，玄烨又于三月二十五日专程来圆明园的牡丹台观赏牡丹。当时除胤禛陪侍外，时年12岁的皇孙弘历（后来的乾隆皇帝），也在这里首次谒见其祖父。只不过祖孙三代面对万朵千棵宛如西子的牡丹时，圆明园还是一座朴素的皇子赐园，"雍正"还是自称"天下第一闲人"的四皇子胤禛，"乾隆"尚是12岁的少年弘历，而康熙也并不知道这已经是他人生的最后一个年头。主宰中国命运长达130余年的康雍乾三朝天子，在牡丹台会聚一堂，也见证着帝国末代的最后一个盛世。这三朝清帝在牡丹台聚会的佳事，被引以为傲地记录在档案中，乾隆皇帝后来在现场立了石碑，记录了这段历史，纪恩堂（图3-8）因此得名。

3.4 东方震宫——天然图画

天然图画（图3-9）位于九州清晏景区东岸，属于八卦中的震位。震卦位于东方，为正春，象征滚滚雷声。冬天万物伏藏，阳气潜于大地之下。而当春雷震动，蛰虫惊起之时，正是万物复苏，大地回春之日。震卦三宫正东方位对应春分、清明、谷雨三个节气，因而乾隆也在"天然图画"的题诗中写道："和风万物与同春，甘雨三农共望岁。"据《易传》所解，震卦不仅象征雷电，而且又象征修竹与芦苇。《易传》说，"震为雷"、"为苍筤竹，为萑苇"（注：苍筤竹，青色，初生之竹；萑苇，即芦苇）。竹和芦苇都是生长很快的植物，所以"竹"为"震"，可以用来象征那些"冬去春来"、"天翻地覆"般的变化。

天然图画是圆明园较早建成的花园。不知是有意还是无意，位于震位的这里竹林茂密，其中又以大量种植的翠竹最为出名。天然图画在雍正时期称"竹子院"。雍正曾题诗："深院溪流转，回廊竹径通。珊珊鸣碎玉，袅袅弄清风。香气侵书帙，凉阴护绮枕。便娟苍秀色，偏茂岁寒中。"[1] 弘历也给天然图画作了诗序："庭前修竹万竿，与双桐相映。凤枝露梢，绿满襟袖。西为高楼，折而南，翼以重榭，远近胜概，历历奔赴。殆非荆关笔墨能到。" 这个"序"的头一句，便将天然图画的万竿竹景凸显出来。

雍正皇帝给圆明园内各景点景区题名，大多以三个字命名。而乾隆皇帝将"圆明园四十景"都题为四字名。因此，竹子院到了乾隆时期，弘历便将其改为天然图画了。为什么叫做"天然图画"呢？乾隆曾在"天然图画"的题诗中写道："我闻大块有文章，岂必天然无图画。""大块文章"来自唐代大诗人李白《春夜宴诸从弟桃李园序》中"况阳春召我以烟景，大块假我以文章"的千古佳句。文中"大块"亦指天地，是典型的道家语言，源出庄子的"大块载我以形"。意思是大自然赋予了我形体让我承受。因此"大块"就是天地自然。然而李白由"大块"所得，却是文章。在他的眼中，大自然千姿百态的真性情皆是文章。于是他运用了拟人的手法，写道：那千娇百媚的春天用艳丽景色召唤我，才华横溢的大自然将他写出的绚丽文章借给了我。乾隆在诗中将"天然图画"与"大块文章"相对应，意思是既然大自然能写出锦绣的诗篇，又怎能画不出美妙的图画？刘勰《文心雕龙·原道》指出，"天上日月，地上山川，以及动物、植物等，均有文采，形立则章成矣，声发则文生矣"。乾隆以"天然图画"命名此景，天人融合，表现出了大自然（特别是在春天）的无限创意。

天然图画由四面建筑围成一个院落，西高东低，南面是天然图画楼，西南面是朗吟阁和竹蒨楼，东面是五福堂。五福堂之后，是静知春事佳和竹深荷净。临湖建有朗吟阁和竹蒨楼（图3-9）。朗吟阁是一座结构复杂但造型秀美的重檐歇山卷棚顶楼阁。登楼可远眺西山群峰，中观

---

[1] 见园景十二咏之竹子院，收录于《雍正御制诗文集》卷二十六。

玉泉塔影，近看后湖风光，真是画中有画，气象万千。这一景的园林植物配置也独具匠心，除翠竹万竿外，还有双桐相映，玉兰花开。五福堂处的对联也与象征春天的震卦相呼应，表现出了春天春意盎然的意境："欣百物向荣，每识乾坤生意；值万几余暇，长向海宇熙春[①] 。"

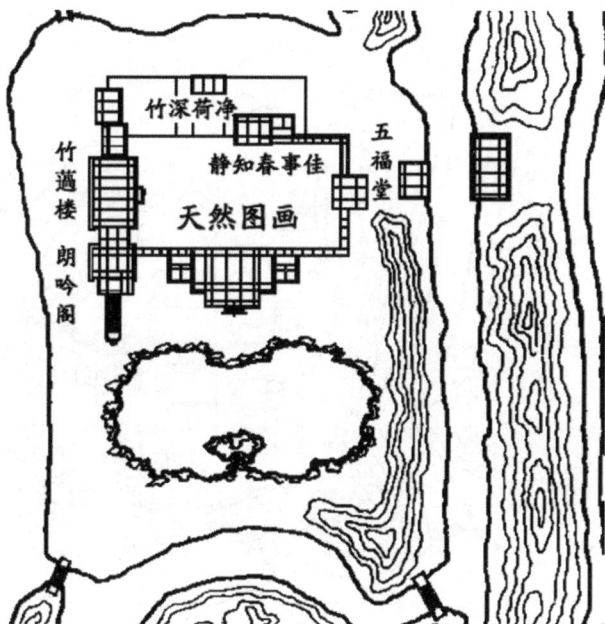

图3-9 天然图画（中国圆明园学会主编，《圆明园四十图咏》，《圆明园》，1983年第2期，第85页）

3.5 东北艮宫——碧桐书院

碧桐书院（图3-10）朝南坐落于圆明园后湖东北角，为八卦中的艮卦。《周易·艮卦》中有"时止则止，时行则行，动静不失其时，其道

---

① （清）于敏中等编纂：《日下旧闻考》，卷八十《国朝苑囿》，北京古籍出版社，1981年，第1337页。

光明"。艮象征山，山高峻清冷，令人心静、念止，故有静止和清高之义。它和震卦相反。震象征雷，代表的是春天万物复苏时的"动，作，起"。 艮象征山，表示的是冬天即将过去，春天就快到来的"止，观，静"。 艮在时间上象征的是晚冬，正是春天即将到来之时，故艮卦虽为山，意为静止，却也道光明也。

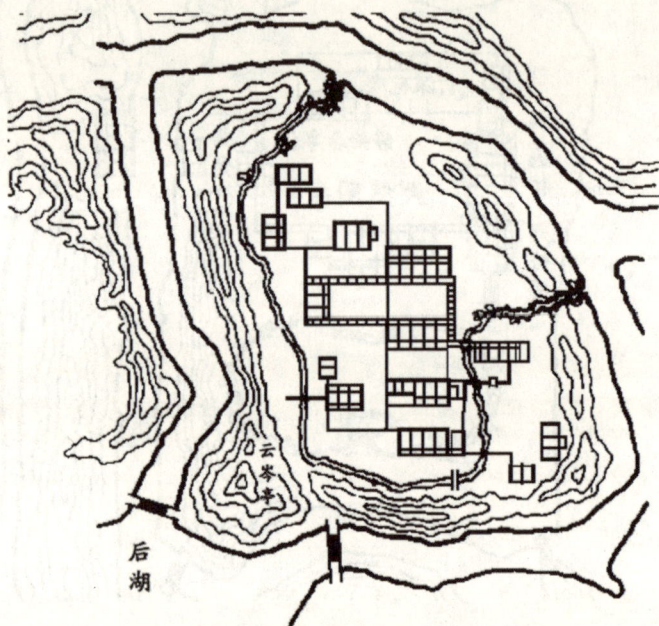

图3-10 碧桐书院（中国圆明园学会主编：《圆明园四十图咏》，《圆明园》，第2期，1983年，第87页）

古代学者特别是宋儒对艮卦极为重视。宋儒注重艮卦的义理，在于艮卦所具有的"静"和"止"的意义，以及静止中却含光明的含义。例如，周敦颐曾比较《周易》与《法华经》，感叹道："一部《法华经》，只消一个艮字可了。"[1]这虽然有些偏激，却用 "艮"

---

① 《二程集 河南程氏外书卷10》，中华书局，1981年，第408页。

的境界表明了他"寡焉以至于无"①的养心观念。周敦颐主张通过养心达到无欲的境界。而养心就需要做到一个"静"字。就像艮卦里的大山一样，寂然不动，无欲无求，才能"感而遂通"，通晓宇宙万物的变化。又如张载在"正蒙"中论艮卦："艮一阳为主于两阴之上，各得其位而其势止也。易言光明者，多艮之象，着则明之义也。"可见他特别强调了"艮止"所含的"光明"之象。总之，艮卦的含义，与宋儒所强调的道德修养相吻合，他们在继承了易传对艮卦的基本解释后，又将"止、观、静"纳入一个哲学的框架中，达到了相当的思想高度。

碧桐书院背靠高山，前临流水，院中梧桐挺立，绿荫张盖。夜幕时分，星汉皎洁，明河在天，四无人声，声在树间。细雨飘落时，疏雨滴梧桐，佳境自然成。碧桐书院在雍正时期叫"梧桐院"。雍正曾有诗赞其曰："棹泛湾湾水，桥通院院门。吟风过翠屋，待月坐桐轩。秋叶催诗落，春花应节繁。只应金井畔，好借凤凰骞。"②古代传说凤凰栖于梧桐，所谓"栽下梧桐树，引得凤凰来"。梧桐在古诗中有象征高洁美好品格之意。梧桐虽然静止不动，却能引来凤凰，皆因其品性高尚。这与艮卦中所含的"静修养德"和"艮止却含光明"的寓意有着异曲同工之妙。

梧桐院后改名为"碧桐书院"。乾隆咏其云："月转风回翠影翻，雨窗尤不厌清喧。即声即色无声色，莫问倪家狮子园。"乾隆提到的倪家，指元代倪瓒，字云林之家。倪瓒是个个性较为独特的书画家。相传他最好洁，庭前有桐树六株，天天派书童挑水去洗刷它们。他的书画简远萧疏，枯淡清逸，以淡泊取胜。明何良俊曾赞他："云林书师大令，无一点尘土。"他所隐居的苏州狮子林，原为元代天如禅师倡道的地

---

① 周敦颐著：《养心亭说》，《周子全书》卷十七。
② 见园景十二咏之梧桐院，收录于《雍正御制诗文集》卷二十六。

方，是佛家讲经说法和文人赋诗作画之胜地。乾隆将碧桐书院与狮子林相比，也是暗示这里是一处养心修禅的好地方。而乾隆在碧桐书院的题诗中所提到的禅语，把月白如水、碧桐翠影视为无色，把风吹树叶、雨打梧桐说成是无声，则与陆九渊"艮背行庭，无我无物"的人生境界十分吻合。陆九渊对艮卦的解说仅四字，曰"无我"，"无物"。 他说："有己则忘理，明理则忘己。[①] '艮其背，不获其身；行其庭，不见其人'，则是任理而不以己与人参也。" 艮背行庭之旨的落实就是要通过克去己私，存养"大体"。由此才能满心而发，达到"宇宙便是吾心，吾心即是宇宙"的天地一体境界。在此境界中，"宇宙内事乃己分内事，己分内事乃宇宙内事"[②]。如果达到这种境界，那么不仅有色有声可以成为无色无声，无色无声也能成为有色有声了。

正是因为碧桐书院景色清幽，适合静修养性，乾隆极爱来此聆听雨声，以激发写诗的灵感。以勤政著称的雍正也每晚到梧桐院批阅奏章。民间传说吕留良之女吕四娘杀死雍正，并割下雍正头颅祭父的地点就在碧桐书院。

3.6 正北坎宫（一白水星）——慈云普护，上下天光

3.6.1 慈云普护：天一生水，慈孝生福

慈云普护（图3-11）位于九州景区中轴线正北，在八卦中为坎卦，在九宫中为一白水星。坎卦代表水，在季节上为冬天，寓意重重艰险。程颐曰："坎卦阳实在中，为中有孚信；维其心诚一，故能亨通。"意思是只有胸怀坚定的信念，才能排除艰险，获得亨通。因此慈云普护景区的功能主要是供奉菩萨，祭神礼佛，象征信仰和信念。

---

①、②（宋）陆九渊：《陆九渊集》卷三十五，中华书局，1980年。

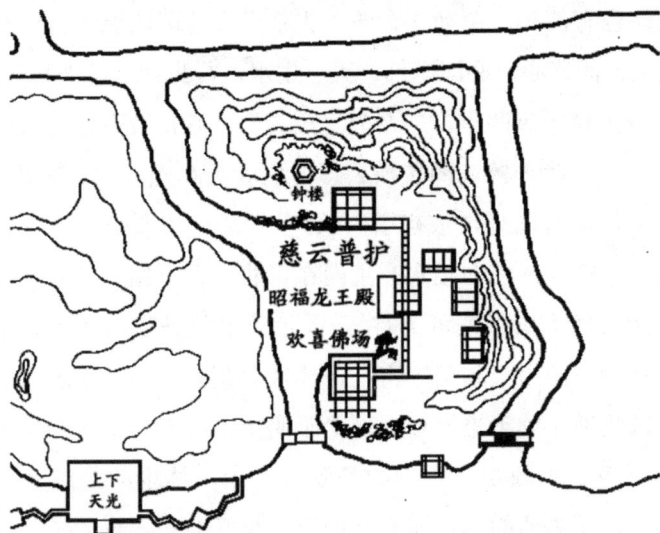

图3-11 慈云普护（中国圆明园学会主编，《圆明园四十图咏》，《圆明园》，1983年第2期，第89页）

坎位在八卦中为水，在九宫中为一白水星。所谓"天一生水，地六成之"，所以北方坎位有"天一生水"的含义。而慈云普护中的"慈云"作为"天上之水"也与"天一生水"的文化意象相符合。在天地万物之中，有水才有生命，以水来养育万物。水的质性温柔，充分体现了母性的慈悲善良。《老子》第八章曰："上善若水。水善利万物而不争，处众人之所恶，故几于道。居善地，心善渊，与善仁，言善信，正善治，事善能，动善时。夫唯不争，故无尤。""上善若水"，是说水具有滋养万物生命的德性。水善于帮助万物而不与万物相争，故天下最大的善性莫如水。一白水星为白色，在众多的神仙菩萨中，一袭白衣的观音大士也许最能体现"上善若水"的母性慈悲。因此慈云普护的主殿楼上供奉大慈大悲观世音菩萨。观音在印度佛教中的本身，原为相好圆满的大丈夫。传入中国后，逐渐被汉化，成为我国大受欢迎的女菩萨。将观音变成女相，站在茫茫苦海中救人利物，是因为女性具有无比崇高的母性慈悲心。而将观音大士的慈悲和"天一生水"相结合的文化意

55

象，在民间也有流传。例如在台湾主祀观世音菩萨的慈天宫就有柱联："慈悲在人，间诸心，心即是佛；天一生水，徯我后，后来其苏"。

慈云普护建于康熙年，初名为"涧阁"。雍正曾有诗赞其曰："平桥依麓转，一带接垂杨。阁峻横云影，栏虚漾水光。 度香花外厦，挹翠树西廊。倚槛看飞鸟，披襟引兴长。"[1]这里主要是一处寺庙园林。整组建筑一面靠山，三面临水，主殿在正北，为一座二层建筑。楼上供奉观音大士，楼下供奉关帝圣君[2]。关帝圣君就是三国名将关羽，以忠义闻名。关帝殿额为"昭明宇宙"，体现的是关羽"一点忠心贯日月，满腔义气镇乾坤"的英雄气概。而"昭明宇宙"也与"天一生水"中的"天"相呼应。主殿主要供奉的是观音大士，体现的是观音"上善若水"的慈悲。而关羽的忠义与观音的慈悲相互补充，形成了仁义两全的文化意象。

主殿往南是龙王殿，殿内供奉着圆明园福海的昭福龙王。龙王殿额为"功宣普润"，表达了"天一生水"中的"水"普润苍生的文化含义。殿中对联"正中德备乾符应，利济恩敷解泽流"[3]，上联讲"天"，说的是龙王德行中正感应天，下联说"水"，讲的是龙王广施恩泽解水患，保一方平安。可见"慈云普护"内供奉的主要菩萨神仙（观世音菩萨、关帝圣君、昭福龙王）不仅都与"天一生水"有关，而且还体现了"天"和"水"在传统文化中的不同道德含义。

龙王殿往南有前殿三间，外檐悬挂有雍正御书"欢喜佛场"，殿前还有藤萝架一座，藤萝架旁还有一个牡丹花池。另外在慈云普护楼西北还建有一座自鸣钟楼（图3-11）。自鸣钟楼位于九州景区的正北。风水师曾有"正北立自鸣钟楼，楼高三丈，以应一白水星"的说法。自鸣钟楼为三层

---

① 见园景十二咏之涧阁，收录于《雍正御制诗文集》卷二十六。
② （清）于敏中等编纂：《日下旧闻考》，卷八十《国朝苑囿》，北京古籍出版社，1981年，第1339页。
③ （清）于敏中等编纂：《日下旧闻考》，卷八十《国朝苑囿》，北京古籍出版社，1981年，第1339页。

六角楼阁，楼上有一架西洋大自鸣钟。此钟整点时会自动报时，声音清脆悦耳，在很远的地方都听得到。"慈云普护"是皇后在圆明园期间拈香拜佛的主要地方之一，这里的宗教文化意象与北方一白水星的象征含义相互融合，其文化意象可以理解为："天一生水，慈孝生福"。

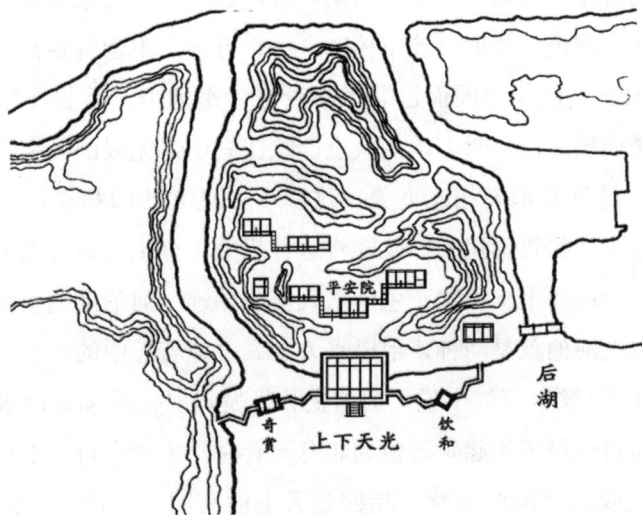

图3-12 上下天光（中国圆明园学会主编：《圆明园四十图咏》，《圆明园》，第2期，1983年，第91页）

3.6.2 上下天光：天一生水，水天一色

上下天光（图3-12）与慈云普护一样，都位于小九州景区的正北，也是上应一白水星，下合坎位。慈云普护是以宗教园林为主，体现的是"天一生水，慈孝生福"的文化意象，而上下天光则是以自然水景为主，表现的是"上下天水一色，水天上下相连"的"天一生水"的诗情画意。

上下天光是圆明园四十景之一，位于九州清晏北部偏西，三面环山，南临后湖，主体建筑叫涵月楼，是一座两层敞阁，外檐悬挂乾隆御笔"上下天光"。此建筑盖在一座石平台上，前半部伸向水中，左亭奇赏，右亭饮和，平台东西两端各有九曲平桥①。桥上列凉亭，楼后为平安院，一条小路蜿蜒隐现，伸向远方。

"上下天光"命名是取自北宋范仲淹的《岳阳楼记》中"上下天光，一碧万顷，沙鸥翔集，锦鳞游泳"的句子。弘历观后湖全景，在上下天光的诗序中写道："垂虹驾湖，蜿蜒百尺。修栏来翼，中为广亭。谷纹倒影，混瀁楣槛间。凌空俯瞰，一碧万顷，不啻胸吞云梦。"其实后湖面积只不过四公顷而已。尽管没有"衔远山，吞长江"的洞庭气势，登楼俯瞰时，一碧万顷的天空倒映在湖中，无限的天空将有限的湖光延伸，足见其水天相连之美。这种小中见大的园林设计，体现出了"天一生水"的哲学思想。乾隆将这种想象十分生动地写在了"上下天光"的诗中："上下天水一色，水天上下相连，河伯夙朝玉阙，浑忘望若昔年。"河伯就是河神，他以水为国。"望若"中的"若"指的是北海。《庄子·秋水篇》中说，河伯在秋天发水时，见滔滔河水而自鸣得意，以为自己最了不起。等他到北海一看时，才知道自己不过尔尔，只能望洋兴叹。"夙朝玉阙"指的是天上的宫阙。因此，"河伯夙朝玉阙"可以从字面上理解为河伯住在天上，意为"水天相连"。 当水天相连之时，小小的后湖也可以浩淼无边而又气象万千，那么河伯也可以忘记当年望洋兴叹的无奈了。

3.7 西北乾宫——万方安和，杏花春馆

3.7.1 四方宁静的"万方安和"

万方安和（图3-13）位于九州景区的西北乾位，上应六白金星。乾

---

① （清）于敏中等编纂：《日下旧闻考》，卷八十《国朝苑囿》，北京古籍出版社，1981年，第1340页。

卦，本以象天，"天乃积诸阳气而成天"。乾卦的卦辞为："乾，元亨利贞。""元亨利贞"谓乾具有元始、亨通、利和、贞正之"四德"。乾在八卦里象征天，五行归属为金，象征金刚不坏，表示天上佛祖的智慧增长不退。雍正二年为圆明园看风水的风水师有"西北乾地建佛楼，以应六白金星"的说法。虽然万方安和并不是佛楼，但它以佛教中的卍字为建筑形态，表现出了乾卦"天道循环，生生不息"的文化意象。

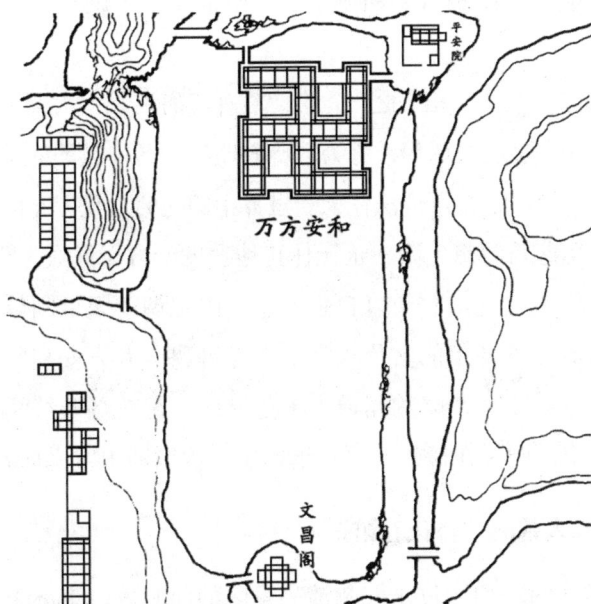

图3-13 万方安和（中国圆明园学会主编：《圆明园四十图
咏》，《圆明园》，1983年第2期，第101页）

万方安和位于圆明园中心景区后湖的西北侧，它的主体建筑卍字房迥立于水中。在巨大的卍字形台基之上，万方安和殿从十字轴心向四翼展开，作逆时针回旋。与《明堂阴阳录》中："周圜行水，左旋以象天"的记载相吻合。因此万方安和是以"天"为意象，表达国家统一、天下太平的一组景观。

万方安和在雍正时称"万字殿"，俗称"万字房"。万方安和共

33间殿宇。南面为正室额。东西内宇为对溪山，佳气迎人，卍字中宇为四方宁静，西面为观妙音、枕流漱石、洞天深处，东面为安然、碧溪一带、山水清音，北面为涤尘心、神州三岛、高山流水，南面西厦为凝神、静寄，东面为澄观①。万方安和三十三间大殿中，交叉十字廊各五间，合为九间；四面曲尺各有六间，合为二十四间，是为中九外六的格局（图3-13）。九为极阳之数，象乾，象天；六为纯阴之数，象坤，象地。卍字房隐喻了阴阳和合、四方宁静、国泰民安等风水、哲学、政治和文化观念②。

卍又是佛陀"三十二相"之一，名"吉祥云海"相。大乘佛教认为，卍是释迦牟尼胸部呈现的瑞相，称为"佛心印"，是佛教的标志性象征符号，又称吉祥喜旋，它显示佛法在大千世界中的无穷运化、无限延伸与展现，表示佛的慈悲与智慧无限，永无休止地普度十方无量众生③。这种文化意象与乾卦"天行健，君子以自强不息"中强调"天道刚健，运行不已"的思想有着异曲同工的文化含义。乾隆御题《万方安和》诗序云："水心架构，形作卍字，略约相通。遥望彼岸，奇花缬若绮绣。每高秋月夜，沉瀄澄空，圆灵在镜，此百尺地，宁非佛胸涌出宝光耶？"

3.7.2 龙脉入首的"杏花春馆"

杏花春馆（图3-14）位于九州清晏景区的西北方，上下天光和万方安和之间。西北为乾地，乾象征天，喻龙。乾象曰：大哉乾元，万物资始，乃统天。云行雨施，品物流形。大明始终，六位时成，时乘六龙以御天。杏花春馆在九州九岛的景区内为最高点，意仿效小九州之内的西北昆仑山，是连接小九州之外的大九州龙脉的地方。大九州的龙脉从天

---

① （清）于敏中等编纂：《日下旧闻考》，卷八十一《国朝苑囿》，北京古籍出版社，1981年，第1346页。

②、③ 端木泓著：《圆明园新证——万方安和考》，《故宫博物院院刊》，2008年第2期，第36～55页。

上王母居住的昆仑山（紫碧山房），延伸到皇家宗祠鸿慈永祜，穿过太阳（日天琳宇）和月亮（月地云居）居住的天上，越过高人隐士隐居的名山大川（武陵春色），从天而降，来到人间帝王居住的大地之上。从文化意象上看，杏花春馆俯瞰人间大地的九州九岛，遥望西北天上的各路神仙，正是连接天与地的龙脉入首的好地方。

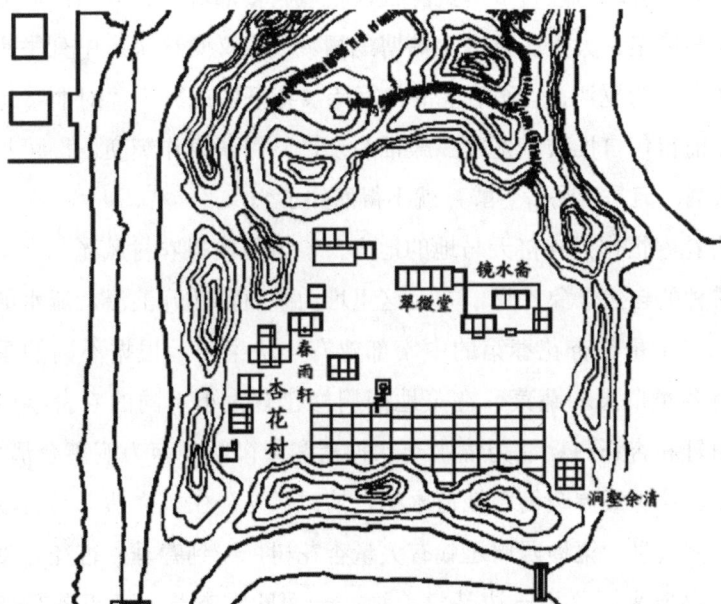

图3-14 杏花春馆（中国圆明园学会主编：《圆明园四十图咏》，《圆明园》，1983年第2期，第93页）

杏花春馆在康熙末年就已建成，最早叫"菜圃"，后改名为"杏花春馆"。杏花春馆的名字来自杜牧的诗："清明时节雨纷纷，路上行人欲断魂。借问酒家何处有，牧童遥指杏花村。"清明节在农历三月，是一个纪念祖先的节日。农历三月为辰月，象征龙。根据《历书》，本来清明应该是"时万物皆洁齐而清明"，然而杜牧在池州所过的清明节却不见阳光，只是"天街小雨润如酥"，细雨纷纷，好像有龙在天上行云布雨一样。正当诗人雨湿衣衫、春寒料峭之时，牧童为他指出一处杏花烂漫、酒香飘飘的村舍。从杜牧的诗的意境中我们不难看出，杏花春馆是一处饮酒作乐的好地方。有意思的是，杏花春馆正好位于坎卦（上下天光）和乾卦（万方安和）之间，为坎上乾下的坤宫卦——需卦。需卦的卦象为："云上于天，需；君子以饮食宴乐"，正好与杏花春馆的饮酒作乐的文化意象相吻合。雍正皇帝在圆明园中是否喝酒？野史记载他天天饮酒，有时与隆科多喝到深夜，把隆科多灌醉，让人抬出园去。又传说他与诸王、大臣在龙舟上赌博酗酒。《大义觉迷录》中列举雍正十大罪状之一为酗酒。 雍正皇帝曾写诗《花下偶成》："对酒吟诗花劝饮，花前得句自推敲。九重三殿谁为友，皓月清风作契交。"可见，他确实饮酒，但是否喝得烂醉，就不得而知了[1]。

杏花春馆作为连接天与地的地方，一方面模拟农村风光，突出人间大地耕种的自然景象，另一方面这里堆山叠石，花开浪漫，流水缠绕，可谓仙气十足。杏花春馆的中南部建有一块菜园，根据不同的季节，种植有各类瓜果和蔬菜。在菜地四周修建有大小不同的农舍亭阁：西为春雨轩和杏花村；北为镜水斋、抑斋和翠微堂；南为涧壑余清[2]（图3-14）。这里矮屋疏篱，纸窗木榻，清风微送，生机盎然，具有浓郁的村野田园气息。菜地四周还栽有大量杏花树，一到春季，杏花烂漫，这时皇帝总要来到这里一边品尝美酒，一面欣赏杏花。雍正曾写诗赞其曰："凿地新开圃，因川曲引泉。碧畦一雨过，青壤百蔬妍。 洁爱沾晨露，鲜宜润晚烟。倚亭闲伫览，生意用忻然。"

到乾隆年间，杏花春馆又经过了大规模的改建。乾隆二十年（1755）添建了春雨轩殿、南山得树亭等。乾隆三十五年（1770）又在杏花春馆堆山叠石，这座土山也是圆明园第二高山，代表小九州景区内的昆仑山，与象征大九州里的昆仑山——圆明园第一高山紫碧山房遥相

---

① 阎崇年著：《雍正帝与圆明园》，《法制博览》，2008年第3期。
② （清）于敏中等编纂：《日下旧闻考》，卷八十一《国朝苑囿》，北京古籍出版社，1981年，第1341页。

辉映。杏花春馆山上建有城关，与曲院风荷边上的城关相对，一个镇山，一个镇海，共同守卫着九州九岛的神州大地。从山下向上眺望，亭台楼阁若隐若现，掩映在青山绿树之中，仿佛神仙居处。可以这样说，农家的自然恬静与仙界的自在飘逸在这里融为一体。这种美景被充分地表达在了乾隆咏杏花春馆的诗中："霏香红雪韵空庭，肯让寒梅占胆瓶。最爱花光传艺苑，每乘月令验农经。为梁漫说仙人馆，载酒偏宜小隐亭。夜半一犁春雨足，朝来吟屐树边停。"

值得一提的是，杏花春馆不仅有着西北乾地龙脉入首的文化意象，还有坤土大地的含义。纵观西北乾地的宗教庙宇，无论是皇家祖祠鸿慈永祜，还是供奉玉皇大帝的日天琳宇，或是供奉三世佛的月地云居，都是天上的神仙佛祖。杏花春馆虽为天与地的连接处，却已然在人间。因此这里有土地祠。杏花春馆以山为景，以"坤"为意象拜土地；万方安和以水为景，以"乾"为意象建卍字楼。二者同在龙脉入首的西北乾地，阴阳结合，山水相抱。

土地为民间信仰中的地方保护神。土地生养万物而不求回报，长五谷以养育百姓，此乃中国人所以亲土地而奉祀土地的原因。杏花春馆处的土地庙供奉的是"土地公公"和"土地婆婆"。"土地公公"是笑容可掬的白胡子老人，陪伴他的是他的妻子"土地奶奶"，是一位可亲可爱的老奶奶。此庙似为雍正年间已有。道光末年，奕詝在南苑习猎时，不慎坠马伤足，他就默祈土地神灵保佑。奕詝即位后又患肝疾，引发旧伤作痛，他到土地庙烧香许愿，后来病虽未愈，但"已有舒和之象"。①

---

① 田冬梅著：《道教与圆明园》，《圆明园研究》，2005年第5期。

3.8 西方兑宫——坦坦荡荡，菇古涵今

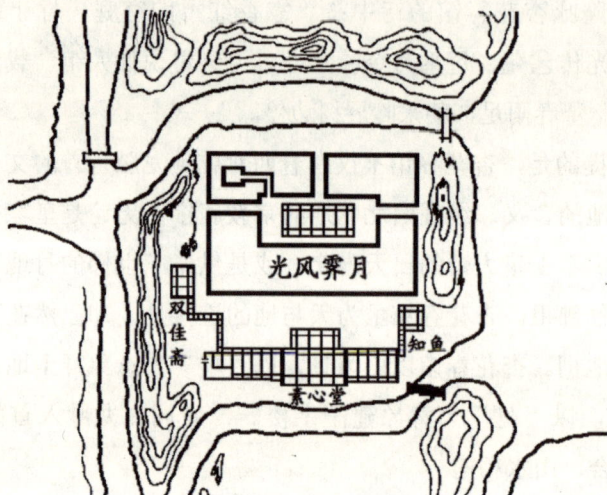

图3-15 坦坦荡荡（中国圆明园学会主编：《圆明园四十图咏》，
《圆明园》，1983年第2期，第95页）

3.8.1 凿池观鱼乐的"坦坦荡荡"

坦坦荡荡（图3-15），圆明园四十景之一，位于小九州景区西部，为兑地。兑卦为泽，在季节上象征秋天，在自然现象中象征湖泊、水池。于是清朝的皇帝们就在此"凿池观鱼乐"了。因此，这里的主要景观是"金鱼池"。

坦坦荡荡是圆明园较早建成的一组景区，康熙末年就已建成，起初叫"金鱼池"，后改名为"坦坦荡荡"，是当年清帝喂鱼观景的地方。金鱼池不仅与兑卦象征的"泽"相吻合，也与天上的西宫咸池正好呼应。《史记·天官书》有"东宫苍龙、南宫朱鸟、西宫咸池、北宫玄武"

之说。在这里的不是白虎，而是咸池。咸池是主五谷的星，主秋季，因五谷是在秋天有收成的，所以就把它放在秋季。根据《史记·天官书》说法，"西宫咸池，曰天五潢。五潢，五帝车舍"，可见，咸池为天上的星宿群。王逸注《九歌·少司命》曰："咸池，星名，盖天池也。"《淮南子·天文训》云："咸池者，水鱼之圃也。"朱熹《集注》云："水鱼天神。"从这里可以看出，古人想象位于西方的咸池星宿群是天上的水池，是水鱼天神。不知道位于小九州景区西部的金鱼池是不是天上"水鱼之圃"？ 无论如何，这里四面环水，小桥栏杆，太阳西落，锦鳞数千头，霞光洒万丈，真人间仙境也！

坦坦荡荡，取《易经》"履道坦坦"与《尚书》"王道荡荡"之意[1]。"履道坦坦"出自《易经》："履道坦坦，幽人贞吉"；"王道荡荡"来自《尚书·洪范》："无偏无党，王道荡荡"。"履道坦坦"比喻人的胸怀坦荡、行为正直。"王道荡荡"是说君主以仁义治天下，以德政安抚臣民。总之，坦坦荡荡是指君子清正纯洁，胸怀坦荡，光明磊落。

坦坦荡荡的前院建筑有三个部分：素心堂在中间，知鱼亭在素心堂东北，双佳斋在西北。素心堂的后面是光风霁月[2]（图3-15）。圆明园内最大的观鱼池就位于光风霁月处。观鱼池平面呈正方形，中间建有一敞榭，外檐悬挂有乾隆御笔"光风霁月"匾。坦坦荡荡整体布局与杭州"玉泉鱼跃"颇为相似。池周舍下，锦鳞数千头，是皇帝观赏金鱼最佳处。金鱼池内建有太湖石围成的鱼窝数个，每到冬天鱼池水面结冰，但由于鱼窝内很深，温度较高，鱼可以在鱼窝内过冬，这样就免去了秋季捞鱼的麻烦。乾隆皇帝非常喜欢此景，曾咏诗："凿池观鱼乐，坦坦复荡荡。泳游同一适，奚必江湖想。却笑蒙庄痴，尔我辨是非。有问如何

---

① 中国圆明园学会主编：《圆明园四十图咏》，《圆明园》，第2期，1983年，第95页。
② （清）于敏中等编纂：《日下旧闻考》，卷八十一《国朝苑囿》，北京古籍出版社，1981年，第1342页。

答，鱼乐鱼自知。"

乾隆诗中鱼乐的意境出于《庄子》。庄子和他的朋友惠施在濠水的桥上游玩。庄子说："鱼悠悠然游于水中，这是鱼的快乐啊！"惠子质疑："你不是鱼，怎么知道鱼是快乐的？"庄子反诘："你不是我，怎么知道我不知鱼的快乐？"惠子说："我不是你，固然不知道你的想法，你也不是鱼，自然也不知道鱼的快乐。"庄子回答："事实上当最初你问我'你不是鱼，怎么知道鱼是快乐的'的时候，你就已经知道我知道鱼是快乐的了。就像你能知道我的感觉一样，我能知道鱼是快乐的，是从站在桥上望鱼游泳时感受到的。"关于庄子与惠子的讨论，乾隆虽然在诗中认为庄子何必与惠子辩驳，只需要回答惠子："鱼乐鱼自知"就行了，却也同意庄子的说法，人是能够知道鱼之乐的。庄子说鱼是快乐的，这是他自己情感体验的结果。乾隆认为，只有胸怀坦荡、心思纯净的人才能用心去感受大自然，想象自己是悠然自得的鱼儿或独自开放在桥边的小花，达到与花鸟鱼虫、山川河流同乐的境界。此景取名为"坦坦荡荡"，表达的正是这种"知鱼乐"的心境。

3.8.2 荟萃古今智慧的"菇古涵今"

茹古涵今（图3-16）亦总称"韶景轩"，在九州清晏西侧，长春仙馆之北，位于西方兑宫。"兑"象征泽，泽为湖泊或池塘。从卦象上来说，"兑"为泽，"坎"为水，二者皆为水。但是"坎"代表无边界的水，有扩散的含义；"兑"代表有边界的水，有聚集的含义。在时间上，"兑"代表秋季，金色的秋季是收获季节，万物的果实坠落，自然喜悦。君子观此卦象，从而广交朋友，讲习探索，推广见闻。

茹古涵今建于乾隆初年，主体为方形大殿，殿内悬挂有乾隆御笔"韶景轩"。轩东为茂育斋，西为竹香斋，北为静通斋[1]。茹古涵今位

---

[1]（清）于敏中等编纂：《日下旧闻考》，卷八十一《国朝苑囿》，北京古籍出版社，1981年，第1342页。

于九州清晏西面的一个小岛之上，西方在四象"青龙"、"白虎"、"朱雀"、"玄武"中为西方白虎。自古都有"白虎低头"的说法，所以小岛地势平坦，没有高山，其余建筑也较矮。韶景轩位于茹古涵今的最北部，是欣赏西山及后湖最佳的地点。茹古涵今建在西方兑地，又在长春仙馆（坤宫）之北，在卦象上为兑上坤下的兑宫萃卦。泽地萃（萃卦），顾名思义，就是"荟萃聚集"的意思。萃卦是论述君王与天下贤士及英雄豪杰聚萃于朝廷一堂之卦。因此，茹古涵今一直是清朝皇帝与大臣谈古论今、吟诗作画的地方。"茹古涵今"不仅聚天下能人与君王为一堂，还是荟萃从古至今的文化智慧为一体的地方。因此，茹古涵今藏万卷经典，是园中著名的图书馆。而茹古涵今也就成为皇帝研经、读史、修身、养性的地方。令人痛心的是，园中收藏的图书，大部分被英法联军焚毁，少部分被掠走。

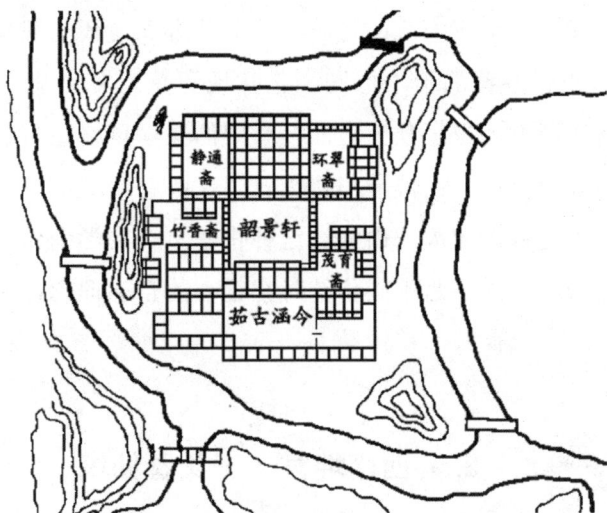

图3-16 茹古涵今（中国圆明园学会主编：《圆明园四十图咏》，《圆明园》，1983年第2期，第97页）

茹古涵今字面上的解释，茹是吃，喻读书；涵是包容，是涵蓄存养心性。所以茹古涵今可以理解为博学多闻、通晓古今的意思，充分体现了兑宫萃卦"荟萃古今智慧"的文化意象。乾隆在一首叫《茹古堂》的诗里明确地说，茹古不是为了附庸风雅，而是为了从古代的遗篇中接受治乱兴衰的经验教训，来治理天下。

茹古涵今风景秀美，四周宽敞清幽，是一个书卷气浓郁的地方。这里"嘉树丛卉，生香蓊葧，缭以曲垣，缀以周廊，邃馆明窗，牙签万轴，漱芳润，撷菁华"（茹古涵今诗序）。乾隆写诗赞其曰："广厦全无薄暑凭，洒然心境玉壶冰。时温旧学宁无说，欲去陈言尚未能。鸟语花香生静悟，松风水月得佳朋。今人不薄古人爱，我爱古人杜少陵。"乾隆用我国大诗人杜甫的治学态度和诗歌风格来表现了茹古涵今的文化意象。"今人不薄古人爱"出自唐代大诗人杜甫"不薄今人爱古人，清词丽句必为邻"的诗句。杜甫的文学主张是"爱古"而不"薄今"，既继承古人的优良传统，又肯定今人的创新风格。杜甫是中国文学史上集大成的诗圣。他对传统和现代一视同仁的诗歌创作态度和兼容并蓄的治学原则，正体现了兑宫萃卦集百家之长的含义。兑宫在西方，象征秋天。而杜诗中的文学风格也与秋天的意象很相似。如果说李白自由浪漫的诗风就好像春花绽放，那么杜甫深沉博大的风格就是秋天的大地山河。这种将季节、文学创作和景观设计融为一体的造园手法，是中国传统时空结合的哲学理念在建筑规划上的应用。

3.9 西南坤宫——长春仙馆

长春仙馆（图3-17）坐落在九州清晏景区西南角，即正大光明殿之西，茹古涵今之南。它位于后天八卦中的坤位。坤卦性属土，代表了大地母亲。因为母亲抚育子女，默默付出，不求回报。而大地正如母亲一样，孕育和滋养着万物。正所谓"天生万物以养德，人无一德以报天"。坤的卦象为地，地势坤，君子以厚德载物。坤至柔，而动也刚，至静而德方，后得主而有常，含万物而化光。它表达的是像母亲一样宽厚包容、默默奉献的高尚情操。因此，位于坤位的长春仙馆也就成为帝后和皇太后的寝宫区。乾隆生母孝圣皇太后就在此居住。这里既曾是乾隆皇帝"旧时赐居"，又是乾隆"迎奉皇太后为膳寝之所"。因此名为"长春仙馆"，寓意皇太后健康长寿。

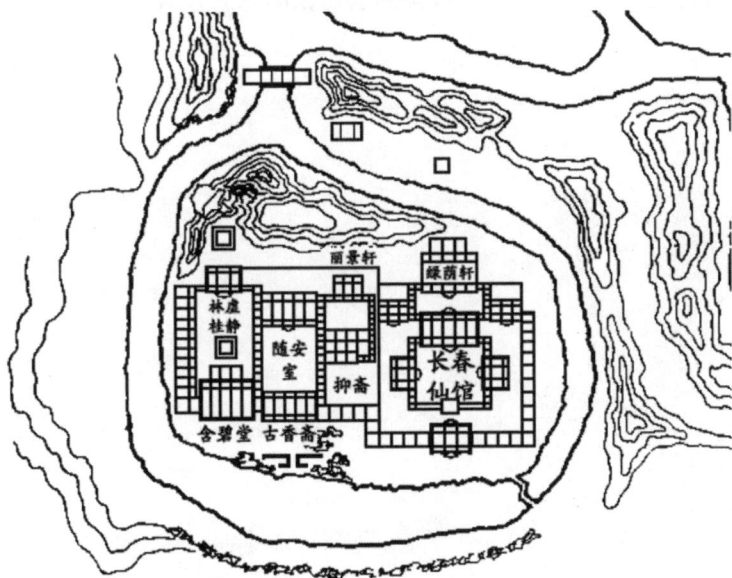

图3-17 长春仙馆（中国圆明园学会主编：《圆明园四十图咏》，《圆明园》，1983年第2期，第99页）

长春仙馆始建于雍正初年，初名"莲花馆"。风水先生说，这里是"西南坤位房虽多，不宜高，以应土星"，因此，长春仙馆四围山环水绕，是一系列庭院重叠的四合院，最适宜居住。岛上由四个院落组成，屋宇深邃，重廊曲槛，透迤相接。其中东院为正院，长春仙馆是雍正赏赐给幼时的乾隆和孝贤皇后在圆明园的居所，也是乾隆皇帝年轻时读书的地方，雍正皇帝还曾赐给乾隆"长春居士"的别号。长春仙馆景色宜人，乾隆登基后，就让自己敬爱的母亲住在这里。乾隆皇帝曾题诗长春仙馆："常时问寝地，曩岁读书堂。秘阁冬宜燠，虚亭夜亦凉。欢心依日永，乐志愿春长。阶下松龄祝，千秋奉寿康。"在诗中乾隆表达了祝愿其母亲老如松柏、健康长寿的美好愿望。到了乾隆四十二年（1777），乾隆的生母孝圣皇太后在山高水长观赏花灯时，突然病倒，送回长春仙馆的寝宫后就去世了，享年85岁。孝圣皇太后去世后，长春仙馆便改成了佛堂，以表示乾隆对其母亲的思念之情。

第四章
天上的星空在圆明园内的投影

雍正二年《圆明园风水启》曾写道："正殿居中央，以建皇极八方拱向……东北艮方台榭楼阁系天市垣……东南巽地乃文章之府，建立高楼以应太微……"什么是天市垣，什么又是太微呢？天市垣和太微垣都是天上星群的名称。圆明园内很多景区都有天上星宫的影子。位于中心的九州清晏象征着天上的紫微垣，是帝王居住的寝宫；位于九州清晏景区东南巽地的勤政亲贤象征太微垣，是君王处理政务的地方；位于九州清晏景区东北的坐石临流象征天市垣，是天上的街市，也是君王与民同乐的地方。而圆明园的大宫门则是根据"地气纳天光"的规划方法设计的，将天上北斗七星的变化纳入圆明园的大门方向的选择和设计当中。总之，圆明园的设计规划充分体现了法天象地的原则。

4.1 天上星象的神话

古人日出而作，日落而息，很早便把星空分成若干区域，中国称为星官，西方唤作星座。《史记·天官书》系统记载了以国家机构和官员命名的星官体系，并在此基础上形成了独立的中国星座体系。张衡《灵宪》说："众星列布，各有所属，在野象物，在朝象官，在人象事。"故中国星名大多以器物、官名、人事名之。尤以官名最为普遍，故称《天官书》。虽然古代星空充满了神秘色彩，但是基本上可以分为三垣四象二十八宿，其基本思想可以概括为：天子居于紫微，听政于太微，察访于天市，二十八宿率领其它诸星各司其职分列于四方，共同辅佐紫微宫的天子。

4.1.1 四象和二十八宿

二十八宿是沿着黄道分布的二十八个星座，人们把它们分成了四组，每组以其星宿组成的图案想象成一种动物图像，所以称作四象。它们是：东方苍龙七宿（包括角、亢、氐、房、心、尾、箕七宿共三百余颗星，其形象好似苍龙腾空），南方朱雀七宿（包括井、鬼、柳、星、张、翼、轸七宿共五百余颗星，其形象好似展翅飞翔的火鸟朱雀），西方白虎七宿（包括奎、娄、胃、昴、毕、觜、参共七百余颗星，构成白虎之形），北方玄武七宿（包括斗、牛、女、虚、危、室、壁七宿共八百余颗星，组成蛇与龟缠绕的形象）。汉代的天文学家曾形容四象为："苍龙连蜷于左，白虎猛踞于右，朱雀奋飞向前，灵龟圈首于后。"

四象起源非常早，1987年，河南濮阳西水坡45墓发现了蚌塑北斗青龙白虎图，向现代人展示了距今6500年前，就已经有青龙白虎的理念了。在我国古代，将四象用来定方位、测四时的历史也是十分悠久的。1978年，湖北随县曾侯乙墓出土了一件漆盒，发现在漆盒盖上绘制着古代二十八宿和四象的画面。这表明早在战国时期，"四象""二十八宿"就被广泛地应用于民间了。在我国的传统文化里，四象不仅代表了天上四方的星宫，还代表了春、夏、秋、冬四季，东、南、西、北四方和人的心性造德"仁、义、礼、智"。这是中国原创的天、地、人统一的文化。而"二十八宿"下应人间各州郡，它们的丝毫变化，都关乎所属州郡的前程与民生。

黄道与天赤道并不平行。在认识了二十八宿与四象之后，二十八宿以内的恒星即中官还剩下三大块。那就是紫微垣、太微垣和天市垣，号称"三垣"[①]。"三垣"是环绕着北极和比较靠近头顶天空的星象，分紫微、太微和天市三区，各区都有东西两藩的星，围绕成墙垣的样了，因而叫做"三垣"。

4.1.2 紫微垣

紫微垣，即北极星空的中央部分，它的中心是北极星，中国人叫它

---

① 郑慧生著：《认星识历——古代天文历法初步》，河南大学出版社，2006年，第40页。

勾陈一。古代的中国天文学家们，在观测中发现北方天际有一颗星不但明亮，而且看起来是天空亿万颗星星中唯一不移动的星，众星都围绕着它在不停地旋转，这就是北极星。但地球转动的天轴不是万年不变的，所以从古至今，北极星也不尽相同：约4800年前的北极星是紫微右枢，3000多年前的北极星就是"北极二"（即帝星），而现代的北极星是勾陈一[①]。

　　古人感到北极星俨然有人间帝王的气象，便将它称为"帝星"。于是以北极星为标准，集合周围其他各星，合为一区，叫紫微垣。司马迁在《史记•天官书》中是这样介绍紫微垣的："中宫，天极星，其一明者，太一常居也。旁三星，三公；或曰：子属。后句四星：末大星，正妃；余三星，后宫之属也。环之匡卫十二星，藩臣，皆曰紫宫。"秦汉时代，人们以"北极二"（即"帝星"，并非现代的北极星"勾陈一"）作为北极星，所以司马迁是以"帝星"为中心来介绍紫微垣的。根据司马迁的记载，天空中央的星宫有天极星。天极星中最明亮的一颗"帝星"，是天帝长住的地方。在他旁边的三颗星，或是太尉、司徒、司空（三公），或是太子、庶子以及后宫（子属）。北极星后面一行弯曲地排着四颗星"勾陈"。最后一颗亮星(二等星)勾陈一，是天帝的后宫皇后；其他三颗星勾陈二、三、四，都是后宫的一群妃子。围绕保护着它们的十五颗星有紫微左垣(左枢、上宰、少宰、上弼、少弼、上卫、少卫、少丞)和紫微右垣(右枢、少尉、上辅、少辅、上卫、少卫、少丞)。这些天帝的藩臣，他们在天上共同组成了一个紫微宫[②]（图4-1）。所以说，紫微垣居于北天中央，乃三垣的中垣，这其中后妃太子之类俱全，是君王休息的皇宫。紫微垣的东西两藩，好像两弓相合，环抱成垣，保护着中心的北极星。

[①] 陈遵妫著：《中国天文学史》，上海人民出版社，1980年，第294页。
[②] 郑慧生著：《认星识历——古代天文历法初步》，河南大学出版社，2006年，第41页。

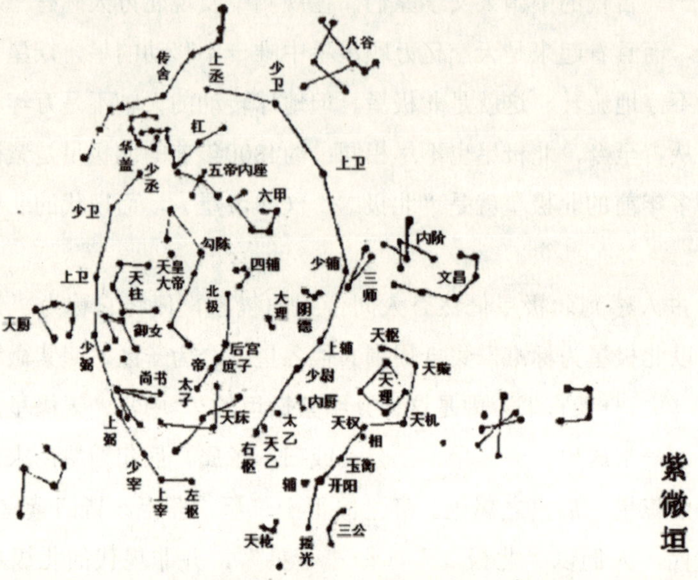

图4-1　紫微垣（陈遵妫：《中国天文学史》，上海人
民出版社，1980年，第291页）

　　在古人丰富的想象中，北极星为帝星，北斗是为帝车。当北斗围
绕北极星旋转时，就是天帝坐着由北斗组成的马车，巡行四方。其行一
周，恰是一年。相传夏代的永年历书《夏小正》载，正月斗柄悬在下，
六月初昏斗柄正在上。由此可知，早在夏代时就用北斗星的指向确定正
月和六月。《鹖冠子·环流》也说："斗柄东指，天下皆春；斗柄南指，
天下皆夏；斗柄西指，天下皆秋；斗柄北指，天下皆冬。"可见北斗星
还可用于确定东南西北和春夏秋冬。《史记·天官书》则总结说："斗为
帝车，运于中央，临制四乡。分阴阳，建四时，均五行，移节度，定诸
纪，皆系于斗。"由此可知，北斗星方位的观测对于四季的分辨和农时
历法的确定有着十分重要的意义。这也是为什么古人那么重视北斗星的
原因。

4.1.3 太微垣

"太微"是政府的意思，所以星名多用官名。太微垣的中心是五帝座，也就是五帝的座位。五帝是指东方苍帝、南方赤帝、西方白帝、北方黑帝和中央黄帝。所以五帝座乃朝廷之位，而以五帝座为中心的太微垣也就成为君王听政的地方。所以太微垣的东西两藩多用文臣武将的官名来命名。司马迁在《史记·天官书》中是这样介绍太微垣的："南宫朱鸟。权、衡。衡，太微，三光之廷。匡卫十二星，藩臣。西，将；东，相。南四星执法中，端门。门左右，掖门。门内六星，诸侯。其内五星，五帝座；后聚一十五星蔚然，曰郎位。傍一大星，将位也。"[①]根据司马迁的解释，南宫朱鸟"权"和"衡"中的"衡"就是指太微垣。

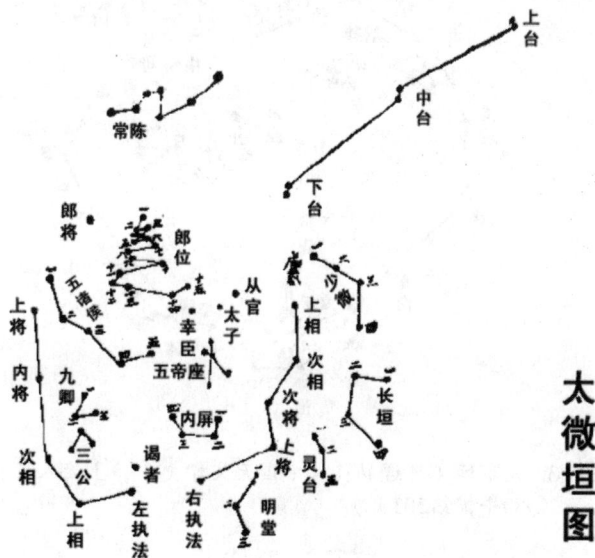

图4-2 太微垣（陈遵妫：《中国天文学史》，上海
人民出版社，1980年，第298页）

---

① 郑慧生著：《认星识历——古代天文历法初步》，河南大学出版社，2006年，第41～42页。

太微垣是日、月、五星的廷堂(离黄道甚近,为日、月、五星运动所必经之地)。辅佐它的藩臣在西面右垣是将星,东面左垣是相星。左执法和右执法中间叫做"端门"。太微垣的中心是有五颗星的五帝座,座后蔚然一片聚集着十五颗星叫做"郎位"。"郎位"旁边有一颗大星叫做"将位"(图4-2)。总之,太微垣是一个天宫中的行政系统,文武百官样样都有,它是君王处理朝政的地方。

4.1.4 天市垣

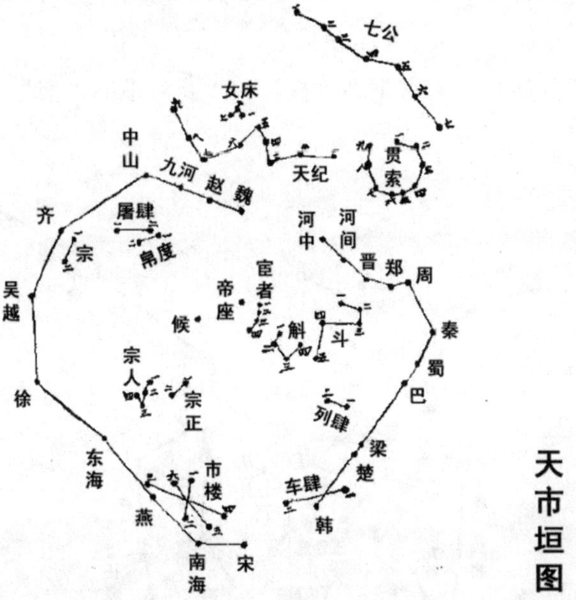

图4-3 天市垣(陈遵妫:《中国天文学史》,上海人民出版社,1980年,第303页)

天市垣(图4-3)以帝座为中枢,成屏藩形状。司马迁在《史记·天官书》中是这样介绍天市垣的:"天市垣二十二星,在房心东北,主权衡,主聚众。一曰天旗庭,主斩戮之事也。"根据司马迁的解释,天市垣的二十二颗星在房宿与心宿的东北,它们主管秤权交易,主管集市商人。这里又名天旗之庭，主管刑戮法律。天市即天上的集贸市场。故星名多跟货物、度量、交易等内容有关，如斗、斛、肆、楼等。天市垣以帝座为中枢。《晋书·天文志》云：帝座"立伺阴阳也"。天市垣里还包括生意中要使用到的量具。如斛用以量固体，斗则用以量液体，所以有斗宿和斛宿。天市垣还有"主众货之区"的商品市场——车肆，"主市价、律度、金钱、珠玉"的市楼等。《晋书·天文志》中这样描述天市垣："天子率诸侯幸都市也。"所以天市垣东西两藩都用各地方诸侯命名。这些星名都是战国时代的国名，代表四方边国。其中，天市左垣十一星，依次为宋、南海、燕、东海、徐、吴越、齐、中山、九河、赵、魏。天市右垣十一星，依次为韩、楚、梁、巴、蜀、秦、周、郑、晋、河间、河中（图4-3）。

4.2 九州清晏——帝王居住的紫微皇极

圆明园各景之间并不是等级相同的平列建筑系列，而是有主有次，"君、臣、佐、使"等级及功能各不相同的建筑组群。在圆明园各大景区中，最为重要且处于核心位置的，莫过于九州清晏景区了。九州清晏位于九州九岛的中心位置，是小九州景区九宫八卦的中宫。这里一直是帝后的居住寝宫，除皇帝皇后亲信的太监、宫女外，任何人等不得靠近本岛。因此，它又上应天上帝王居住的紫微垣。风水先生张钟子说："正殿居中央，以建皇极八方拱向。"所以我们可以说九州清晏是帝后居住的紫微皇极。

九州清晏南面是前湖，与正大光明相隔；北边是后湖。后湖周围有九个小岛，九州清晏就坐落在其中最大的一个岛上。前湖和后湖景色宜人，在湖光岛影之间，形成了酷似九宫宇宙图示的天然地形。"九"是阳数里的极大数，也叫做"天数"。这九个小岛，象征中国九州的赤县神州，漂浮在水中。乾隆曾赞其"骈衍谓裨海周环为九州者九，大瀛海环其外，兹境信若造物施设耶"。驺衍宇宙观中，裨海环绕的是小九州，即为中国。大瀛海之外的是大九州，也就是世界。乾隆皇帝正是通过九州清晏的诗序把圆明园规划设计的总蓝图勾画出来的。因此，以九州清晏为中心的九州九岛象征着中华大地。而九州清晏的命名也是以天下九州大一统为意境，寓意九州大地河清海晏，天下升平，江山永固。

九州清晏（图4-4）早在1722年（康熙年间），景点西部就已有建筑建成。雍正初年，雍正大规模扩建圆明园。根据雍正二年风水师张钟子等人的报告，九州清晏为"皇极"之地，上应天上紫微垣（宫）。因此，成为帝王重要的寝宫区。历史上著名的慈禧太后为"懿嫔"的时候就居住在此（即圆明园的"内寝"宫廷区）。雍正帝与道光帝都死于九州清晏殿。

九州清晏的建筑是一组组庭院重深、循环往复的四合院。中轴线上由三座大殿组成，自南往北分别叫做圆明园殿（面阔5间）、奉三无私殿（面阔7间）和九州清晏殿（面阔7间，北出抱厦3间）[1]（图4-4）。在正大光明殿建成之前，这里的圆明园殿就是圆明园的正殿。康熙皇帝于1709年为之书写"圆明"二字匾额，标志着圆明园历史之始。

圆明园殿之后有奉三无私殿。奉三无私殿得名于"天无私照、地无私载、人无私惠"的意思。因此这个殿为清朝皇帝举办宗亲宴的地方，以体现天子无私、与民同乐的皇恩。著名的廷臣宴就是在这里举行的。廷臣宴也是满汉全席，取材广泛，用料精细。既突出满族菜点特殊风味，烧烤、火锅、涮锅几乎是不可缺少的菜点；同时又展示了汉族烹调的特色，扒、炸、炒、熘、烧等兼备，实乃中华菜系文化的瑰宝。廷臣宴是指每年上元后一日即正月十六日，由皇帝亲点大学士、九卿中有功勋者参加，固兴宴者荣殊。宴所设于奉三无私殿，宴时循宗室宴之礼。

---

[1]（清）于敏中等编纂：《日下旧闻考》,卷八十《国朝苑囿》，北京古籍出版社，1981年，第1331页。

皆用高椅，赋诗饮酒，每岁循例举行。蒙古王公等皆也参加。皇帝借此施恩来笼络属臣，而同时又是廷臣们功禄的一种象征形式[①]。奉三无私殿后为九州清晏殿。九州清晏殿内为金砖墁地，为皇帝在圆明园居住时的主要寝宫。雍正十三年八月二十三日（1735年10月8日），雍正皇帝就暴死在这里[②]。

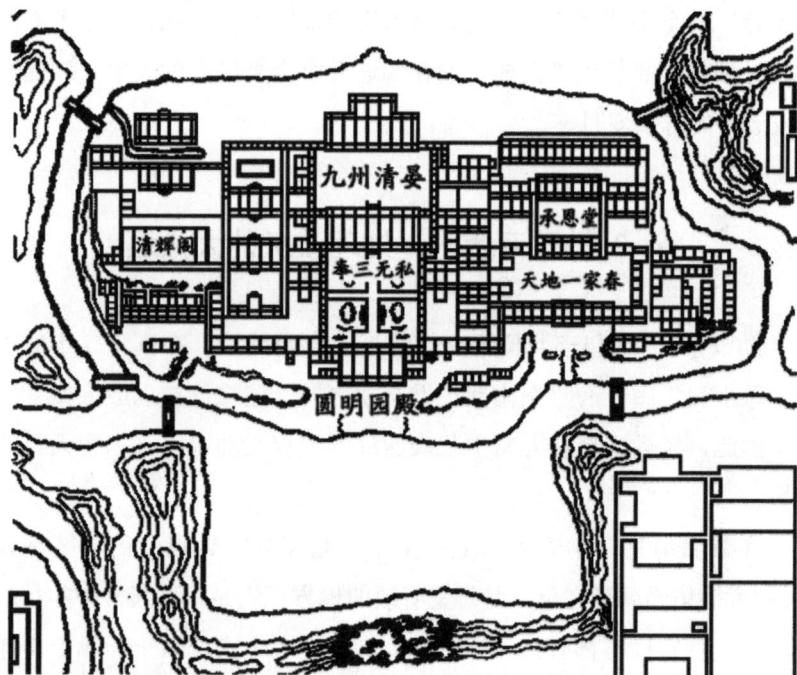

图4-4 九州清晏（中国圆明园学会主编：《圆明园四十图咏》，《圆明园》，1983年第2期，第81页）

三座大殿的西面是清辉阁，清辉阁为康熙年建园时所建，该阁前边的九株乔松亦是弘历"从小看枝放"，被视为同庚。三座大殿的东面是天地一家春和承恩堂，是后妃居住的地方。天地一家春是慈禧入宫后的

---

① 吴正格：《中国京东菜系》，吉林科学技术出版社，2002年，第164页。
② 刘阳：《城市记忆·老图像：昔日夏官圆明园》，学苑出版社，2005年，第15页。

住所之一，也是传说中慈禧得到咸丰皇帝宠幸的地方。据传，慈禧初入清宫原本默默无闻。咸丰四年春天，皇帝在天地一家春忽闻一阵清丽的歌声，于是少女慈禧就此得宠。皇子载淳的诞生，使慈禧红极一时，甚至可以代皇帝批阅奏折，直到参与国事。慈禧对天地一家春有着很深的感情，无奈天地一家春被英法联军烧毁。因此在重修颐和园时，"天地一家春"五个字就被刻在了消防储水用的金缸上。从此，年过半百的慈禧时时刻刻都能看到"天地一家春"这五个金光闪闪的大字，以此怀念她发迹时的青葱岁月。

4.3 勤政亲贤——处理政务的太微垣

勤政亲贤（图4-5）位于九州清晏的东南巽地。在雍正二年的"圆明园风水启"中，有"东南巽地乃文章之府，建立高楼以应太微"的说法。因此，勤政亲贤在九宫中代表四绿木天权文曲星，又上应天上的太微垣。

在紫微垣外，南方朱雀七宿中星、张、翼、轸以北的星区是太微垣。太微垣乃朝廷之位，是君王听政的地方。它是一个天宫中的行政系统，文武百官样样都有："三阶九列，二十七大夫，八十一元士，斗、衡、太微、摄提之属百二十官，二十八宿各布列，下应十二子"（《后汉书·天文志·第十》）。在中国古代社会，有一个巨大的社会阶层——士人(知识分子)，他们是历代王朝的重要支柱。清王朝未进关前，就已开始倚重士人，为清王朝开拓天下服务。进关以后，更加注意笼络士人，以实行他们对全国的统治。因此，清初的皇帝们把"亲贤"作为清王朝《圣训四箴》的内容之一。雍正皇帝御笔题养心殿西暖阁的匾额就为"勤政亲贤"，意思为"敬天，法祖，勤政，亲贤"。可以说，"勤政亲贤"四个字集中表现出了古代君王的道德标准和行为准则。故宫养心殿西暖阁所悬之对联又进一步地解释了这种为君之道："惟以一人治天下，岂为天下奉一人。" 这副对联可以理解为：治理国家应该是君王为天下人治理国家，而并非天下人为君王服务。这种思想早在春秋战国时期，思想家慎子就已提出："故立天子以为天下，非立天下以为天子也，立国君以为国，非立国以为君也。"这种不为自己谋福利，而为天下人着想的为君之道，可以说是做天子的最高境界。要达到这种境界很不容易，简直可以说是难于上青天，这也许就是雍正皇帝在圆明园的"勤政殿"高悬"为君难"的御书额的原因吧！

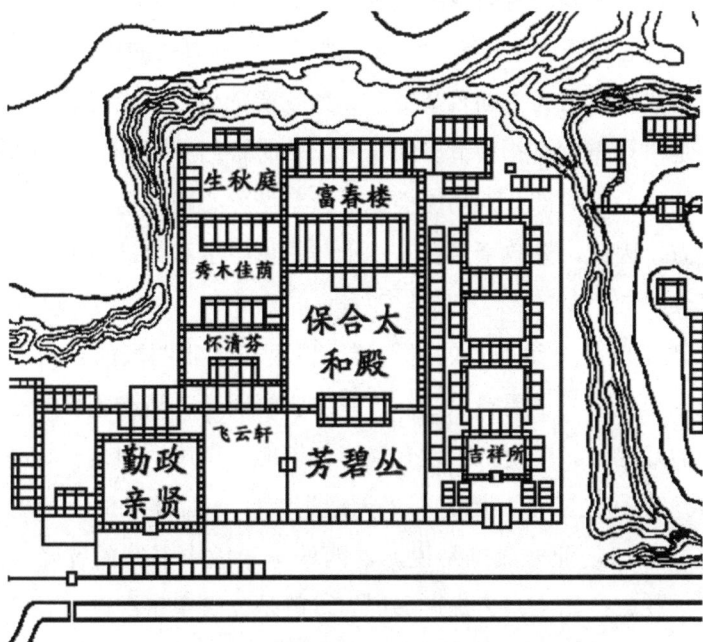

图4-5　勤政亲贤（中国圆明园学会主编：《圆明园四十图咏》，《圆明园》，第2期，1983年，第79页）

雍正皇帝对"为君难"的楹额情有独钟。他曾作诗"夏日勤政殿观新月作"："勉思解愠鼓虞琴，殿壁书悬大宝箴。独揽万机凭溽暑，难抛一寸是光阴。丝纶日注临轩语，禾黍常期击壤吟。恰好碧天新吐月，半轮为启戒盈心。"诗中的"大宝箴"指的就是"为君难"的楹额。

"击壤"语出"帝尧之世，击壤而歌"，寓意太平盛世。新月指的半轮弯月，与盈月（满月）相对。这里用了象征的手法，指的是新月没有盈心（自满之心）。总的来说，雍正皇帝在诗中表达了为君者独揽万机的辛苦，虽然取得了一点成绩，但是应该像天上的半轮新月一样，不存自满之心，时时以"为君难"自勉，勤政亲贤，不能有一点懈怠。

清代自雍正帝开始，将皇帝日常办公地点搬到圆明园。刚开始的时候，大臣们没有认真地把这里当做办公的地方，于是雍正斥责他们，并指出园居绝不是懈怠政事的理由。后来大臣们习惯了在帝王宫苑内处理政务，雍正在圆明园的时间也越来越多，返回紫禁城的次数日渐稀少，他变得很不情愿离开这座宫苑，开启了清帝在园林办公的传统[①]。乾隆继位后，把勤政殿改名为"勤政亲贤"。勤政亲贤与正大光明殿不同，正大光明殿是举行重大典礼和节庆的场所，平时殿门并不开。而勤政亲贤是前朝区的重要组成部分，功能类似于紫禁城养心殿，是皇帝处理日常国事的地方。因此，勤政亲贤在功能上与召见臣子和处理政务的天上太微垣相符合。

勤政亲贤是一组庞大的建筑群，位于正大光明殿的东面。勤政亲贤殿是这组建筑的主要殿宇之一。室内宽阔明亮，清幽雅静，是皇上每天办公的好地方。殿内正中设有皇帝的御座，御座后面是一具高大的屏风，屏风上有乾隆帝弘历手书"无逸"二字。后檐东壁上悬着正书写的乾隆文章《创业守成难易说》，西壁陈于敏中书写的乾隆《为君难跋》。"乾乾终始志，无逸近书屏"，就是乾隆皇帝在题"勤政亲贤"的诗中的自勉之语。乾隆时期，弘历在这里批阅奏章，召见臣僚。夏天，为避暑又把办公地点由勤政殿搬到殿东的芳碧丛。虽是炎夏季节，烈日当空，但这儿却翠竹丛丛，绿荫掩映，格外凉爽。芳碧丛的北面是保合太和殿的院落。保和之"和"字，乃是取阴阳和合滋生万物之义。

① 汪荣祖著：《追寻失落的圆明园》，江苏教育出版社，2005年。

《周易·乾·象》说"保和大和，乃利贞"。《礼记·中庸》："中也者，天下之本也；和也者，天下之道也。"意思是每当阴阳和谐平衡时，天地万物就能顺其自然、欣欣向荣地发展。因此，保合太和殿的名字就有了"和谐则万事吉祥"的寓意。

4.4 坐石临流——与民同乐的天市垣

坐石临流（图4-6）位于小九州景区东北，建于1727年（雍正五年）前后。雍正二年时，风水师给圆明园看风水曾说："东北艮方台榭楼阁系天市垣，以应八白土星。"在此后的圆明园扩建中，风水师的看法对坐石临流的建立起到了一定的作用。

天市垣是天上的都市，"主权衡，主聚众"（《史记·天官书》）。《晋书·天文志》曾说："天子率诸侯幸都市也"，指皇帝率领诸侯在浏览各地的场景。天市垣里有什么呢？天市垣，顾名思义，就是市场。因此，天市垣中的星辰包括专营宝玉的珠宝市场"列肆"、商品批发市场"车肆"、掌管市场价格的"市楼"、量谷米之类的量具"斛"、量酒的量器"斗"，和代表四方边国的天市左垣和右垣等星辰。天市垣还和传说中的牛郎织女有关。"织女星"与天市垣相邻，在天市垣东北。"牛郎星"又叫做"牵牛星"，为河鼓三星中的河鼓二。河鼓背靠天市左垣。天市左垣意为"天市垣的左城墙"，"牵牛星"就好像是守卫天市的大将军，所以又叫做"河鼓"。

那么位于东北艮方，上应天上天市垣的坐石临流又包括哪些景点呢？天市垣为天上的街市，所以这里自然少不了"街"（街道）和"市"（城市）。"街"就是"皇家宫市买卖街"。"市"为"万佛朝宗"的舍卫城。除此以外还有以"曲水流觞"为意境的兰亭，"与民同

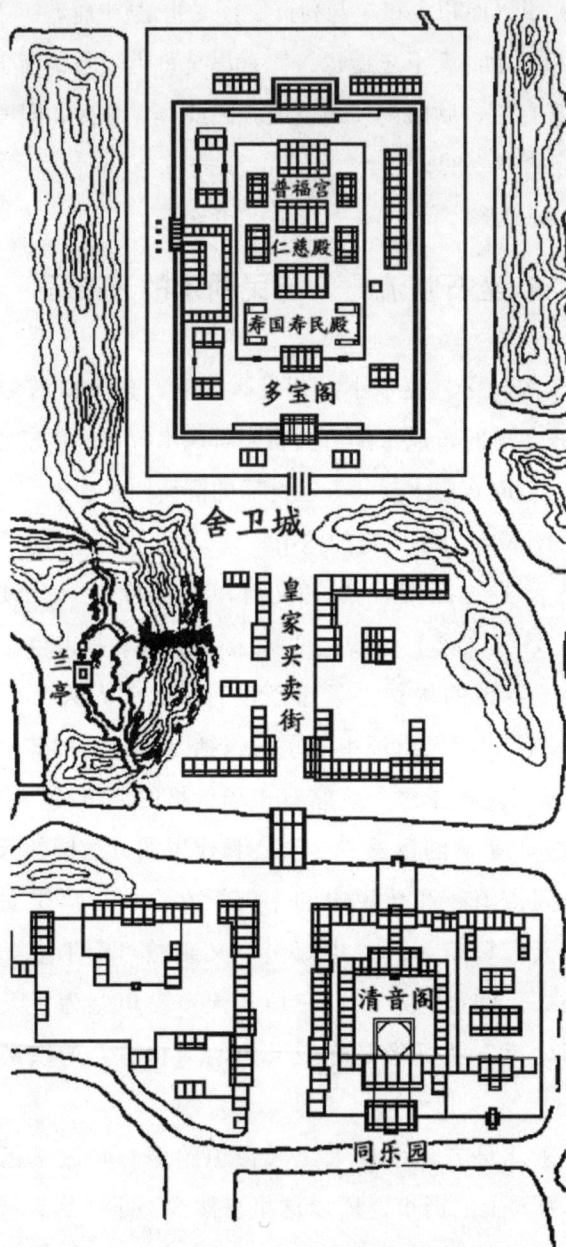

图4-6 坐石临流（中国圆明园学会主编：《圆明园四十图
咏》，《圆明园》，1983年第2期，第151页）

乐"的同乐园。天市垣主聚众，寓意君王与王公大臣游天街夜市，逍遥自在，与民同乐。因此在"坐石临流"景区不仅有天子和市井小民在同乐园买卖街的聚会，又有天子和文人雅士在兰亭的聚会，甚至还有万佛汇聚的舍卫城，真是佛、君、臣、士、民的大荟萃，俨然是天上都市的理想世界。

4.4.1 "上应牵牛之宿"的兰亭

同乐园买卖街西侧有抱朴草堂和坐石临流之兰亭八柱，与买卖街的热闹氛围形成鲜明的对比。兰亭（图4-6），原是一座重檐三开间敞亭，仿自浙江绍兴古兰亭"曲水流觞"意境，建于雍正初年，时称"流杯亭"，乾隆初年题额"坐石临流"。"曲水流觞"起源于上古时期。修禊是上古时代人们在春天临水洗涤清洁以被除不祥的一种巫祭礼仪活动。至汉代巫祭礼仪逐渐淡化，演变成世俗性的春游盛事，同时也就出现了禊觞、禊饮的活动形式。觞是一种古代的酒器。因此，《荆楚岁时记》中称这种活动为"流杯曲水宴"。在三月上巳禊日游春时，市民到郊外会友聚宴，让斟满酒的耳杯或"羽觞"随溪流漂浮，觞杯漂至曲折拐弯处，当杯子缓缓经过宾客面前时，即可取过一饮而尽，然后吟诗作赋，以为娱乐，此即"曲水流觞"。相传东晋九年(353年)清明上巳日，三月初三，王羲之和当时的名士孙统、孙绰、谢安、支遁等41人，为过修禊日宴集于兰亭。他们列坐水边，让盛酒的羽觞从水的上游顺流而下，流到谁的面前，此人就得即席赋诗，不然罚酒三觞。这次聚会由王羲之醉笔走龙蛇，记录了禊觞诗会的盛况。于是《兰亭集序》横空出世，传为一段佳话。

雍正皇帝对这种士大夫文化也极为喜爱。他在圆明园中建流杯亭，即仿照古兰亭意境而建。乾隆帝更将此事做到极致。1779年（乾隆四十四年），他将原来的小亭改建成重檐八方亭，并换成巨型石柱，每柱各刻一册历代著名书法《兰亭帖》，是为"兰亭八柱帖"。这八种《兰亭帖》合为《兰亭八柱之册》，包括唐代虞世南、褚遂良、冯承素分别临摹的王羲之《兰亭序帖》、柳公权书《兰亭诗并后序帖》、明代戏鸿堂刻《柳书兰亭帖》、董其昌临《柳书兰亭帖》、大学士于敏中补柳帖一册，再加上弘历自己临摹董其昌所仿《柳书兰亭帖》一册 [①] 。

　　兰亭位于浙江绍兴会稽山之阴。会稽处吴越之地，在星象上与天上的牵牛星相对。"牵牛星"即"河鼓"，背靠天市垣的左城墙。天市左垣十一星，分别为宋、南海、燕、东海、徐、吴越、齐、中山、九河、赵、魏。其中，"吴越"位于天市垣的西部。这与兰亭所处的位置在"坐石临流"景区的西部有着异曲同工之妙（图4-6）。《永乐大典》方志辑佚中的绍兴府志中曾提到："虞翻以为会稽上应牵牛之宿，当少阳之位，东渐巨海，西通五湖，南畅无垠，北渚浙江，南山攸居，实为州镇。"而兰亭在圆明园中东临象征大瀛海的福海，西接湖山环绕的九州九岛，与浙江会稽"东渐巨海，西通五湖"的地理位置也相符。因此我们可以说，兰亭在天象上对应牵牛星，与北部七夕拜织女的"西峰秀色"遥相呼应；在地理上象征浙江会稽山，代表着"曲水流觞"的山水文化。兰亭景色清幽，流水潺潺，文化底蕴深厚。正是因为如此，虽然"坐石临流"包括舍卫城、皇家买卖街等众多景点，乾隆皇帝还是以兰亭的景色坐石临流为整个景区命名，并将以兰亭为主题的诗收录在圆明园四十景的题诗当中。诗曰："白玉清泉带碧萝，曲流贴贴泛金荷。年年上巳寻欢处，便是当时晋永和。"圆明园中的兰亭被英法联军烧毁后，八根兰亭帖柱今存北京中山公园。不禁让人感叹："东晋风流今安在？剩有兰亭在世间。"

4.4.2 与民同乐的"同乐园"

　　同乐园（图4-6）位于南街之东，是圆明园中的大戏楼，也是清帝最常去的观戏场所。同乐园有清音阁3层，下层设演特技的机轴；南有化

---

① 刘阳著：《城市记忆·老图像：昔日夏宫圆明园》，学苑出版社，2005年，第94页。

妆室5间，北有观戏楼5间。以晋人左思的诗句："何必丝与竹，山水有清音"的诗意而取名"清音阁"。乾隆年间每年从正月十三起在此举行酬节会，连日宴赏宗室王公及外藩陪臣并赏听戏。每逢皇帝生日，也在此演戏庆祝数日。清初朝廷以内城为满人居所，还一度规定内城不得经营戏园，因此内城的商业发展相对受到抑制。而北京城繁华的商业区经常建有戏园子。在圆明园内建戏楼，从某种程度上打破了清初的禁令，是取"天市垣"中天子与民同乐的含义。因此，大戏楼取名为"同乐园"。圆明园中的同乐园与买卖街相邻，更符合市井特性。据说，乾隆为增添喜庆气氛，特赐大臣们在同乐园看戏。看戏之后，大臣们还可到买卖街购买商品，到酒店饭馆饮酒吃饭，不过要等皇帝和后妃宫眷们走后才能进去。将近黄昏时，太监们也可进去享受一番，价钱与园外一样[①]。

4.4.3 天上的街市——皇家宫市买卖街

买卖街（图4-6）处于圆明园西部东路的舍卫城之南、同乐园之西，由两条街组成，呈"Ｔ"字形商业街形式。这条买卖街主体为南北向，南北街总长超过 130 米，向北一直延续到舍卫城。中间有河流过，河上架设双桥。长街被双桥分为南街和北街。买卖街的店铺具有普通建筑的真实尺度，不像清漪园买卖街基本属于缩微的布景性质。街道和水巷两旁各种店铺林立，凡繁华热闹的街市所有的一切这里都有。所不同的是这里没有居民。在大多数时间里，这里寂静无人，而开市那些日子里却热闹异常。

据史料记载，圆明园买卖街开市时，各商店大门敞开，集市上货物琳琅满目，古董、衣服、丝绸、瓷器等都来自北京城里著名的商号。舍卫城东西街及并双桥南街，铺面、牌楼、拍子共 19 座，计 57 间，包括嫩绿轩、同盛号、魁元堂、兴盛号、韵古斋、广兴号、聚香斋、德兴

---

① 颜家珍著：《中国园林的瑰宝：圆明园》中国教育出版社2005年，第43页。

号、天祥号、华服斋、居之安、乐婴号、文雅斋、天宝楼、翠云斋、宝华楼、如意渡等①。各店铺具体经营性质无详细记载，仅能从名称推断大概，茂源号是银号，聚香斋是香蜡铺，韵古斋是古玩店，华服斋是估衣店，天宝楼是首饰铺。根据姚元之、王致诚的记载和其他档案材料，有些店铺还出售一些来自日本、欧洲的进口商品。每当开市之时，这里不仅有店主、游商、伙计、士兵、居民、法官、驿卒、推车夫、挑夫、小贩、摊主，以及说书的、耍杂技的艺人，还有划拳行令的酒鬼、喝茶聊天的文人和混在人群中的小偷。小偷是由机灵的太监充当。偷盗时，如技术高超，被偷者不知，则观众为之鼓掌叫好，被偷者无可奈何。但当集市结束，所失之物仍归原主。这好似一幅民间生活风俗画②。

《竹叶亭杂记》中还记载了一则关于乾隆皇帝、和孝公主与和珅在同乐园买卖街购物的逸事。乾隆小女儿和孝公主5岁的时候，乾隆就把她许配给和珅的儿子丰绅殷德，一直到15岁的时候才完婚。然而，从订婚到完婚中间十年的时间，她都在乾隆身边。有一次在买卖街，和孝公主看中了一件大红衣服，要乾隆给她买，乾隆故作吝啬打趣说你公公有钱，让你公公给你买吧。和珅赶忙拿出28金买下衣服送给公主。所以在这个买卖街开市时是非常热闹的，各种交易也货真价实。

皇家买卖街的尽头是舍卫城。在天上的天市垣里已经是出了四方边国的"国外"了，于是仿古代印度桥萨罗国都城的舍卫城就建造在了这里。

4.4.4 佛城"舍卫城"

舍卫城（图4-6）坐落在坐石临流北边、买卖街的尽头，四周筑有城墙。买卖街上应天上的天市垣。天市垣的东西两藩象征四方边国，而在四方边国之外的地方，也就是我们的"邻国"了。舍卫城，又名舍利城、万佛城，是一座典型的佛教建筑，据说是仿古代印度桥萨罗国都城

① 贾珺著：《圆明园买卖街钩沉》，《故宫博物院院刊》2004年第6期。
② 颜家珍著：《中国园林的瑰宝：圆明园》，中国教育出版社，2005年，第42页。

建造的。桥萨罗国在印度西北部，其都城是佛教圣地，唐朝玄奘法师到印度取经时曾到过这里。舍卫城是古印度佛教圣地，相传桥萨罗国的舍卫城是释迦牟尼悟道之后居住时间最长的城市之一，因"祇树给孤园"而闻名于世。据说桥萨罗国富商给孤独（又名须达多，意为善授）长者耗尽家财，以黄金铺地的代价向王子换得这一片广大的土地，供作佛陀说法之处，发大愿将一切身外财富化为生命中智慧的源泉。其实，我们对舍卫城并不陌生，《西游记》中天竺国的公主被妖风刮到舍卫城祇树给孤园，其后，唐僧在天竺国被玉兔变的假公主抛绣球招亲。《西游记》中曾对舍卫城的祇树给孤园这样描写：

"三藏说道：'我常看经诵典，说是佛在舍卫城祇树给孤园。这园说是给孤独长者问太子买了，请佛讲经。太子说，我这园不卖。他若要买我的时，除非黄金满布园地。给孤独长者听说，遂以黄金为砖，布满园地，才买得太子祇园，才请得世尊说法。我想这布金寺莫非就是这个故事？'八戒笑道：'造化！若是就是这个故事，我们也去摸他块把砖儿送人'。"

从《西游记》中，我们可以看出舍卫城是著名的佛城。在圆明园里舍卫城是园中专门开辟的一座小城镇，仿照古印度桥萨罗国首都的城池布局而建，它有高大的城墙，城墙外有护城河。全城布局严整，是供奉各种佛像和收藏佛经的地方。城郭呈长方形，是一座规模不小的建筑。城内街道呈十字形，内建殿宇、房舍，用游廊相连接；还建有数座金碧辉煌的牌楼，供奉城隍爷、关帝君、三世佛、弥勒佛等。城内有寿国寿民、仁慈殿、普福宫三大殿。城门楼多宝阁供奉关帝像（图4-6）。多宝阁南望，同乐园、坐石临流、买卖街一览无余。每当皇帝、皇太后寿诞时，王公大臣们进奉的佛像都收藏在这里。舍卫城里收藏有金、镀金、银、铜等塑造的佛像10万尊以上。此外还有金塔、佛教经卷。舍卫城里不仅有佛教的菩萨和佛，还有道教的神仙，真可以说是万佛聚于一堂。天市垣主聚集，代表天上的街市。如果说皇家买卖街上应天市垣中的街道，那么舍卫城就是万佛汇集的天上都市。总的说来，从天象上看，舍卫城象征天上万佛居住的都市，从地理上讲，它又可以代表位于四方边国之外，观世音菩萨的故乡印度。可惜的是，这座万佛聚集的城市并没有能够保佑圆明园的平安。英法联军在焚掠圆明园时，由于火势猛、时间长，舍卫城墙上琉璃饰釉熔化流淌，人们说这是佛祖们的血泪[1]。

4.5 连接神州大地与大瀛海的"曲院风荷"

曲院风荷（图4-7）位于坐石临流之东南，同乐园的南面，碧桐书院正东。从地理位置上看，曲院风荷在象征中国的九州九岛与代表大瀛海的福海之间。曲院风荷南面为一人工挖掘的大荷花池，湖面南北长240米，东西宽80米。这个湖泊就像是驮衍宇宙观中的裨海，坐落在小九州景区的东面，是连接神州大地与大海的过渡景区。

曲院风荷的院落分为两部分：一为荷花池北面的曲院风荷，二为曲院风荷西面的佛楼落伽胜境[2]。曲院风荷仿建西湖十景之一。"曲院"原是南宋时开设的酿酒作坊。清康熙三十八年（1699），康熙皇帝来到西湖，见湖内莲叶满池，菡萏妖娆，遂建碑亭，题名"曲院风荷"。此西湖胜景与圆明园内的风景很相似，所以乾隆皇帝在"曲院风荷"的诗序中写道："西湖曲院，为宋时酒务地，荷花最多，是有曲院风荷之名。兹处红衣印波，长虹摇影，风景相似，故以其名名之。"这里湖光荷影，风景秀丽，乾隆皇帝写诗赞其曰："香远风清谁解图，亭亭花底睡双凫。停桡隄畔饶真赏，那数余杭西子湖。"

---

① 颜家珍著：《中国园林的瑰宝：圆明园》，中国教育出版社，2005年，第46页。
② （清）于敏中等编纂：《日下旧闻考》，卷八十二《国朝苑囿》，北京古籍出版社，1981年，第1376页。

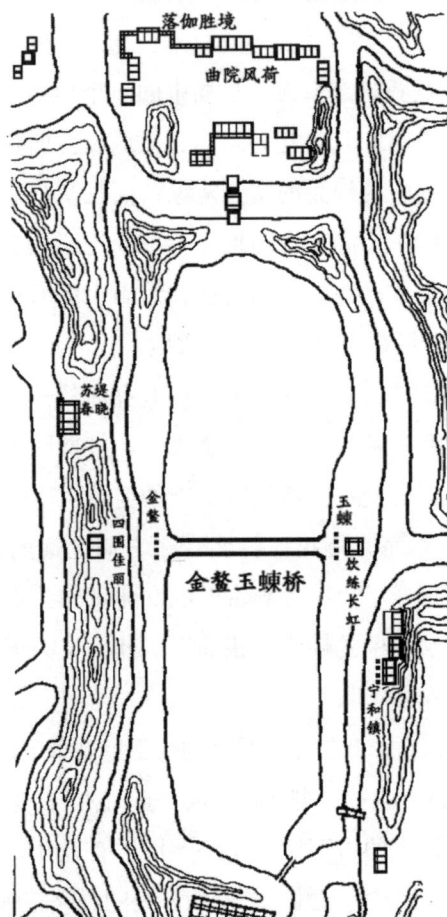

图4-7 曲院风荷（中国圆明园学会主编：《圆明园四十
图咏》，《圆明园》，1983年第2期，第153页）

　　落伽胜境按照浙江普陀山仿建。落伽山是观音菩萨的道场。根据佛
经记载，观世音的殊胜道场就在普陀落伽山。普陀落伽山原在印度南部
的海中，据说一日本僧人欲从五台山带走一尊观音像，途经浙江定海普
陀山，遇风暴而无法前行，被认为是菩萨不想渡海，于是观音菩萨便在
此处安家，而浙江普陀山也就成了观世音在中国的道场。相传当年观音
大士跨越莲花洋去普陀山开辟道场，所以曲院风荷中的那一池荷花又宛

如二十四个莲花浪，需渡过去方能到达彼岸，即岛上观音菩萨居住的落伽胜境。

浙江普陀山是我国东海舟山群岛中的一个小岛，而曲院风荷前面的湖泊也位于象征中国的九州九岛东面。从这一方面说，这个湖泊不仅表现出了驺衍宇宙观中的裨海的文化意象，而且从一定程度上反映出了浙江普陀山位于我国东海的真实地理位置。湖边还设有城关，为宁和镇。此城关与位于九州九岛西北部的杏花春馆山上的城关遥相呼应，一个镇山，一个镇海，共同保卫着华夏九州大地。

曲院风荷南部的莲花池中央有一座九孔石桥——金鳌玉蝀桥。此桥横跨东西两岸，西边牌楼题匾为"金鳌"，牌楼西南河外有屋室为四围佳丽。四围佳丽指的是那一池亭亭玉立的荷花。"金鳌"牌楼在西南，落伽胜境在西北，而"荷花"就盛开在它们之间的湖中，从某种意义上来说，此三者形成了"鳌头观音"的文化意象。石桥东边牌楼题匾为"玉蝀"。"玉蝀"中的蝀为"蝃蝀"，其含义为天上的彩虹。因而桥东的亭子为"饮练长虹"。

提起金鳌玉蝀桥，我们很容易想到位于皇城脚下，横跨于北海与中海之间的金鳌玉蝀桥，也称"御河桥"或"金海桥"，俗称"北海大桥"，是北京老城区内最大的古石桥。北海大桥桥有九孔，桥东西两端立有两座牌坊，西为金鳌、东为玉蝀，与圆明园内的金鳌玉蝀桥如出一辙。无独有偶，金鳌玉蝀桥也是圆明园内最大的石桥，所以也可以说，圆明园内的金鳌玉蝀桥是仿北海大桥而建的。北海和中海在元代是皇宫的太液池，太液池上的木桥即为金鳌玉蝀桥的前身。到明弘治年间，木桥改为石桥，并一直沿用到现在。金鳌玉蝀桥，中孔南北两端有匾联，南侧横额为"银潢作界"。北侧为"紫海洄澜"。"银潢"即为银河。可见在古人的想象当中，金鳌玉蝀桥就像一条绚丽的彩虹，横跨在银河之上。这种天河飞虹的意境被明确地表达在了明代董谷的《玉蝀桥诗》中："正爱湖光澄素练，却看人影度长虹。宫墙睥睨斜临碧，水殿罘罳远映红。宛转银河横象纬，依稀太液动秋风。西华门外尘如海，一入天街迥不同。"而圆明园内的金鳌玉蝀桥显然也表达了这种文化意象。象征飞虹的石桥横跨于宛若银河的水中，湖之北为清新脱俗的曲院风荷与落伽胜境，再往北为喧闹的天街——皇家买卖街，最后直至七夕乞巧的西峰秀色，让人有着一种"如今直上银河去，同到牵牛织女家"的想象。

4.6 向织女乞巧的"西峰秀色"

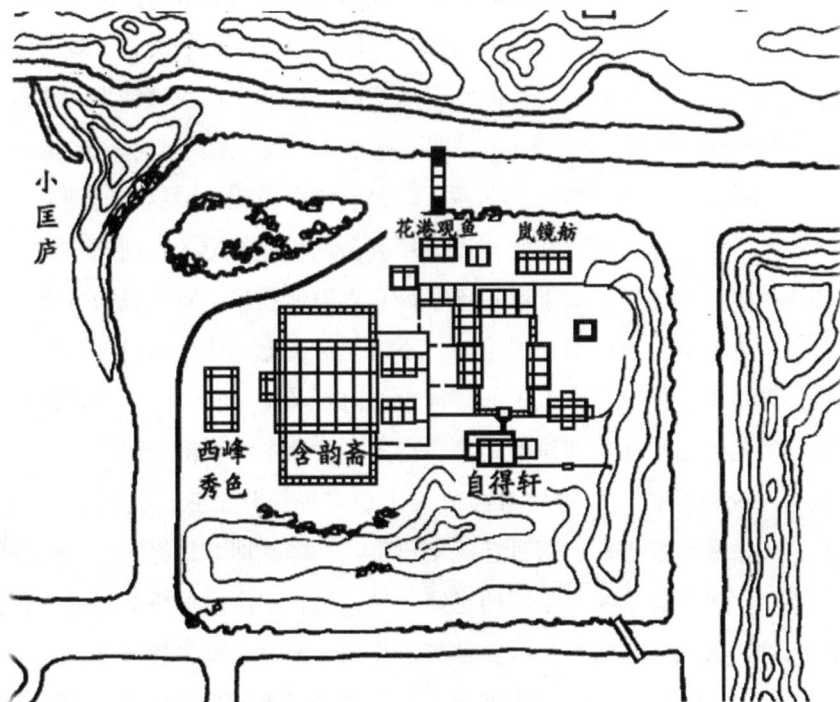

图4-8　西峰秀色（中国圆明园学会主编：《圆明园四十图咏》，《圆明园》，1983年第2期，第129页）

　　西峰秀色（图4-8）位于鱼跃鸢飞之南，舍卫城之北，建于雍正年间，是庐山风景的缩影。西峰秀色的主建筑位于一个四周环水的小岛之上。正殿为含韵斋，是清帝在西峰秀色的寝宫。含韵斋的东南为自得轩，自得轩的东北为岚镜舫，西北临河为花港观鱼。含韵斋周围曲折的回廊边种植有大量玉兰。每到春天，雪白清香的玉兰花掩映在一片青山绿水之下。难怪乾隆皇帝有"方春花气袭人，宛入众香国里"（"西峰秀色"诗序）的感慨。

含韵斋的西面是一座临河敞厅，外檐悬雍正御笔"西峰秀色"，是观景的好地方。从西峰秀色向西北望去，隔河相对的是小匡庐。小匡庐即小庐山，山上设有一座小型瀑布，站在敞厅之中，仿佛置身于庐山瀑布前。在小匡庐的中部，还有一个巨大的洞府叫三仙洞，洞内可以容下两百人。西峰秀色近观小匡庐的瀑布，远观北京西山的美景。乾隆皇帝形容这里是："轩楹洞达，面临翠巘。西山爽气，在我襟袖"（"西峰秀色"诗序）。

西峰秀色轩爽明敞，户对两山，是雍正皇帝最喜爱居住的地方。每年七夕，雍正皇帝都会在此摆设乞巧宴会，与他的妃子共同欣赏天上牛郎织女相会的情景。关于雍正皇帝，有人说他勤政，有人说他残暴，这些历史的是非，可能谁也说不清。不过他对于七夕这个节日却是情有独钟。这可以从他多首咏七夕的诗词中看出。其中一首"七夕"诗描写了乞巧宴的情形和对牛郎织女相聚少离别多的感慨："沉李浮瓜乞巧筵，银河今夜渡仙軿。鸳鸯楼看霞成锦，翡翠屏开月上弦。滴露梧桐秋影薄，凌波菡萏晚香鲜。彩盘针线年年事，一瞬欢期万劫缘。"而他在另一首"七夕"诗中又有不同的思绪："万里碧空净，仙桥鹊驾成。天孙犹有约，人世哪无情？弦月穿针节，花阴滴漏声。夜凉徒倚处，河汉正盈盈。"天孙即织女，诗中叹道：牛郎织女犹有瞬间的相聚，为何人间这样无情？不知道身为天子的他心中在挂念着谁。

为什么"西峰秀色"要仿庐山景色而建？为什么雍正皇帝的妃子们要在这里向织女乞巧呢？要回答这个问题，让我们先回味一下织女星的故事。关于织女，我们首先想到的也许就是牛郎织女的传说了。其实，织女星对于我们的祖先来说，不仅仅是一个美丽的爱情故事，更重要的是，她在我国古代的农业历法中起到了十分重要的作用。在我国古代的天文历法著作《夏小正》中，就不止一次地提到织女星。《夏小正》是叙述夏朝历法中一年十二个月中的星象、气象以及农事的重要文献。其中关于七月是这样写的："汉案户。寒蝉鸣。初昏，织女正东向。时有霖雨。灌荼。斗柄悬在下，则旦。" 汉即银河。"汉案户" 指的是银河呈南北走向。织女星由一大二小三颗星星组成，"织女正东向"是指两颗较暗的星星形成的开口朝东敞开。"斗柄悬在下"是指北斗的斗柄垂下来指向北方，就知道天快亮了。可见，早在上古时代，我们的祖先就已经使用银河的走向、织女三星的朝向和"北斗星"斗柄的指向等多种天文的变化来确定季节月令了。

在夏季的天空中，北部天空最明亮的星当属织女了。在天顶偏东处，我们可以清楚地看到由织女星(最亮的)、牛郎星和天津四(最暗的)组成的夏季大三角。牛郎星也是三颗星，原为"河鼓"。在秦汉，河鼓三星代表三员大将。《史记·天官书》言之甚明，"河鼓大星，上将，左右，左右将"。到了东汉末年，当牛郎织女的爱情故事在《古诗十九首》中被传扬开后，河鼓才脱下戎装，成为追求织女的牛郎，而他两边的左右也变成了牛郎织女的两个孩子。每当农历七月七日，织女星缓缓升到了天顶的最高点，与牛郎隔着银河相望。此时的银河呈东北斜向西南，但基本上仍是南北走向，是夏天快要结束秋天就要到来的季节。秋天是收获的季节，因此织女星又主瓜果。在农历七月七日乞巧时，也少不了供奉瓜果。

织女星又叫做"天孙"。《史记·天官书第五》说："婺女，其北织女。织女，天女孙也。"可见，织女在古人的想象中为天帝的孙女。婺女为北方玄武第三宿女宿，织女在其北面。《史记·天官书》又云："织女三星，在河北天纪东，天女也，主果蓏丝帛珍宝。"天纪九星在天市垣北（图4-3）。因此，织女星在天市垣东北。《宋史·天文志三•二十八舍》也说"织女三星，在天市垣东北"，印证了这一说法。根据"步天歌"中对天市垣的描述："纪北三星名女床，此座还依织女旁"，我们可以确定，"天纪"北边有三颗星为"女床"，而织女星就在"女床"旁边。因此，织女星邻近天市垣（也有说法织女星属天市垣），在天市垣的北边偏东处。

让我们回到圆明园的设计中。雍正二年的风水报告中提到，"东北艮方台榭楼阁系天市垣"，如果说九州清晏是象征紫微皇极的中心，那么位于它东北方的坐石临流（包括兰亭、皇家买卖街、舍卫城等景区）就是代表天市垣的天上街市了。而在七夕摆乞巧宴向织女乞巧的西峰秀色就正好位于坐石临流之北，与夏季天空中真实的星象位置——织女临近天市垣，在天市垣之北相符合。

我国古代有分野的说法。分野就是将天上的星象与人间的地理区域和人文景象相对应。而庐山一带正属于斗宿的分野。斗宿为北方玄武第一宿，又称作"南斗"。晋书天文志："北方南斗六星，天庙也，一曰天机。"也就是说南斗是天上的庙宇。大诗人李白曾写《庐山遥寄卢侍御虚舟》，其中提到："庐山秀出南斗傍。"指的就是庐山在天象上对应着南斗。著名的牛郎织女星即"河鼓"和"天孙"属于牛宿。牛宿为北方玄武第二宿。我国自古以来也有"气冲牛斗"的说法，这里的牛和斗，指的就是牛宿和斗宿。可见牛郎织女与南斗在天上是邻居。庐山上应南斗星，这就不难解释为什么在七夕乞巧的西峰秀色隔河不远处仿庐山建小匡庐。牛宿和斗宿、牵牛和织女是吴越之地的分野星，因此这里还有仿杭州西湖的花港观鱼。西峰秀色既可向织女乞巧，又可隔河欣赏小庐山，让人分不清是天上的南斗，还是地上的庐山，是星空中的织女，还是人间的江南美景！

西峰秀色、坐石临流和曲院风荷以南北轴为中轴，由南至北排列。如果说位于曲院风荷南部荷花池中的金鳌玉蛛桥，好似飞虹横跨在银河之上，那么与之相连、水流环绕的曲院风荷、坐石临流和西峰秀色，就像是夏季的银河呈南北走向挂在空中,给人一种"君看银潢一道斜,小星竞向鹊桥渡"的美好意境。

在古人的想象中,天上的银河,一头连着黄河,一头通向大海。晋张华《博物志》曾讲述了这样一个故事:传说天上银河与地上大海相通,有一住在海边的人突发奇想,在准备充足后,出航顺海漂流。在经过迷迷茫茫、不分昼夜的岁月之后,他到达了一个雄伟的城市,见到了织女在织布,还看见一名男子,手牵一条牛,走到水边让牛喝水。牵牛人看见他,惊奇地问客从何来,此人说明来意并问这里是什么地方,牵牛人让他去问四川的严君平。于是此人返回,并去问严君平。严君平说:"某年某月某日,有客星犯牵牛。"此人计算日期,正是他到达银河,见到牵牛人的时候。这个故事的主人公到后来演变成张骞,而他的出发地点也从海上变成了黄河。宋陈元靓《岁时广记》引《荆楚岁时记》曾讲述张骞为寻黄河河源,乘船来到天上,见到城郭如官府,遇到牛郎和织女,并得到织女所赠支机石。张骞到四川问严君平他所到何处,严君平答道:"某年月日,客星犯牛女。"可见,在古人丰富的想象中,天与地、时间与空间是相互对应、相互连接和相互结合的。这种思想也表达在了圆明园的设计当中,紧邻西峰秀色的舍卫城,好像是传说中天上的城郭,牛郎织女在其旁,佛祖神仙住中央。而西峰秀色、坐石临流和曲院风荷位于小九州景区与福海之间,是一组过渡景区。它们在文化意象上与银河、天市垣、织女牛郎和南斗等星象相关,在设计上从水路连接象征赤县神州的九州九岛与代表大瀛海的福海,与传说中一头连着黄河、一头通向大海的天上银河一样,体现出了传统文化中的时空结合的宇宙观。

4.7 侍卫习练武艺的"山高水长"

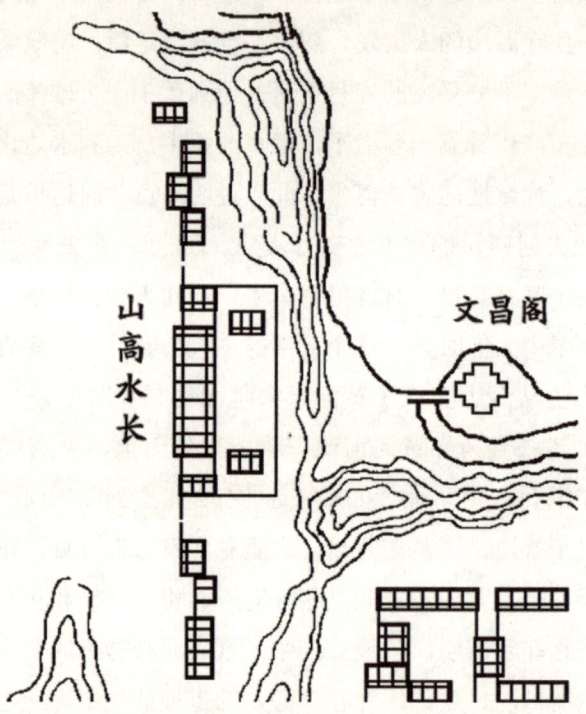

图4-9 山高水长（中国圆明园学会主编：《圆明园四十图咏》，《圆明园》，1983年第2期，第105页）

在我国的传统文化里，四象和人的心性造德"仁、义、礼、智"相对应，形成了东"文"西"武"的规划习俗。东方青龙代表文，体现的是仁的胸怀，西方白虎代表武，表达的是义的作风。圆明园的规划也表现出了这种传统文化。因此，位于圆明园核心的小九州景区西侧的山高水长和十三所，就是以"武"为文化意象的地方。山高水长和十三所位于圆明园的西南部。山高水长居西方白虎之位，白虎低头，故这里地势平坦开阔。西方白虎五行属金，四季主秋，秋为兵象。因而山高水长是供皇家子弟和卫戍部队习练武艺的大操场。

山高水长的主建筑为山高水长楼（图4-9），其中"左楹横碣上恭刊乾隆十七年上谕，碑阴刊乾隆四十三年上谕"[①]。在乾隆四十三年的上谕中，乾隆回顾了太宗文皇帝（皇太极）关于人才的思想及其具体措施。天聪四年二月，大臣阿山、叶臣与勇士二十四人骁勇出众，冒火登城，乃"我国第一骁勇之人"。太宗爱护人才，下旨以后凡遇攻城，不要叫他们再登，而是在诸贝勒、固山额真左右，以防他们受伤或捐躯。乾隆皇帝还回忆了他在荡平两金川的战役中，对于骁勇善战之人，虽然赐予"巴图鲁"（勇士）的称号，但比起皇太极"骁勇立功之人勿令再登"的人才政策相比，还相差很远。乾隆皇帝还告诫子孙，如今虽然天下太平，但"兵可百年不用，不可一日不备"。子孙应该牢记祖训，要爱惜军事人才，不能荒废武功。

山高水长还是清朝皇帝设宴接待外藩的地方，平时是侍卫训练和比武的场所。每逢正月十五这里还要放烟花。乾隆皇帝写诗咏"山高水长"道："重构枕平川，湖山万景全。时观君子德，式命上宾筵。湛露今推惠，彤弓古尚贤。更殷三接晋，内外一家连。"在诗中，乾隆皇帝表达了君主宽仁大度，守礼好古，臣子忠心爱国，勤练武功，天下安定繁荣的美好愿望。在山高水长南部还建有存放武帐宴及放烟火的十三所。无论是山高水长还是十三所，都是呈一字排列，就像是一只忠实的白虎趴在小九州景区的西方，随时准备着保护它。

4.8 皇子读书的 "洞天深处"

洞天深处（图4-10）位于圆明园的东南部。东南是文章之府，在季

[①]（清）于敏中等编纂：《日下旧闻考》,卷八十一《国朝苑囿》, 北京古籍出版社, 1981年, 第1350页。

节上象征晚春，又象征蓬勃发展的年轻人，因此这里是皇子居住和读书的地方。这里既供奉孔子，又为皇子读书之地，体现出了"左青龙"以文为主的文化意象。

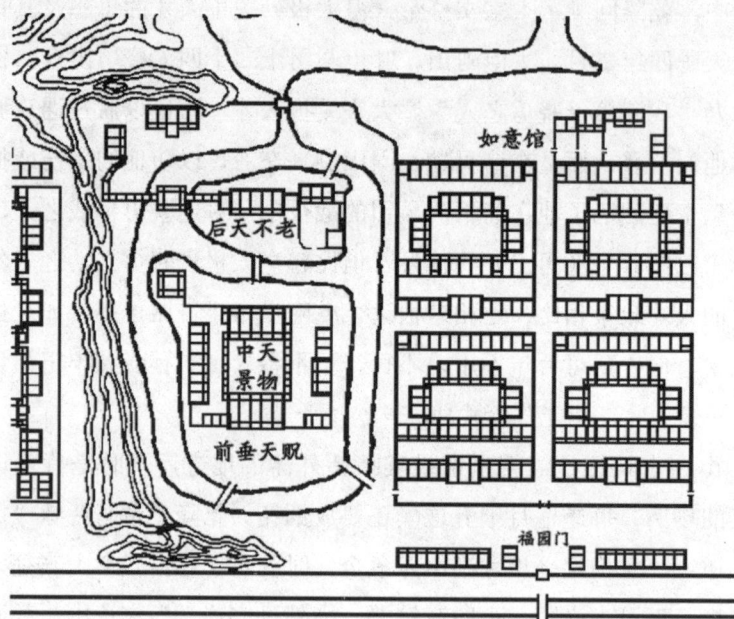

图4-10　洞天深处（中国圆明园学会主编：《圆明园四十图咏》，《圆明园》，1983年第2期，第155页）

洞天深处位于勤政亲贤以东，主要建筑分为东西两部分。东边为对称的四组院落，东西有二街，南北有一街，是诸皇子的居所，又称东四所。东四所东北角是宫廷画院如意馆。清朝著名的西洋画师郎世宁、蒋友仁等曾在此供职。洞天深处西面有南北两个小岛，这里就是著名的上书房，也就是皇子皇孙们上学读书的地方。世称上书房为"三天"建筑，即"前垂天贶"（一作"先天不违"）、"中天景物"（一作"中天立极"）、"后天不老"[①]（图4-10）。前垂天贶和中天景物在

①（清）陈康祺：《郎潜纪闻》卷一。

南岛之上，其东为斯文在兹；北岛上为后天不老。其中，前垂天贶谓之"前天"，中天景物谓之"中天"，后天不老谓之"后天"。统谓之"三天"[①]。"三天"是道家修真的用语，与"三极"（无极、太极、皇极，又称天极、地极、人极）相对应。因此，前垂天贶与天相对。"天"指的是日月四时循环不息，人力所无法抗拒的自然规律。前垂天贶从个人发展的角度来说，可以理解为天赋的秉性和能力。中天景物与地相对。"地"指的是滋养万物的生活环境。因此，中天景物可以理解为世间的万事万物。而中天立极则强调在瞬息变化的万事万物中找到自己的生活准绳。后天不老是指在后天的成长过程中要勤奋学习。正所谓：天行健，君子自强不息。苍天不老，皆因为日月运行不息，没有一天的懈怠。人想要永葆青春，只有勤奋是真正的灵丹妙药。"三天"牌匾为雍正皇帝御书，他用道家修真的术语阐述了皇子皇孙们成才过程中的必要条件：先天的悟性，中天的环境和后天的勤奋。其中，只有后天不老单独位于北边的小岛之上，以显示勤奋的重要性。

前垂天贶和中天景物东屋还设有祭祀孔子的神龛，神龛上方挂乾隆御笔"斯文在兹"。乾隆皇帝用"斯文在兹"的匾额表达了道德修养是成才的核心基础。根据道家的思想，一个人学习成长的过程，也是求道的过程。什么是道？《常清静经》说："大道无形，生育天地；大道无情，运行日月；大道无名，长养万物，吾不知其名，强名曰道。"《邱祖百字派浅解》解释："'道'是天地万物之本源，'德'是'道'的动转，故无德难求道。"重视道德修养更是儒家修身治国平天下的第一要义，所谓"欲求大道 先正其心"。这就不难解释为什么"斯文在兹"两边对联分别是"道统集成归至德"和"圣功养正仰微言"[②]了。"斯文在兹"也与"三天"建筑相互辉映，形成了儒道合一的文化意象。

---

① (清) 陈康祺：《郎潜纪闻》卷一。
② (清) 于敏中等编纂：《日下旧闻考》，卷八十二《国朝苑囿》，北京古籍出版社，1981年，第1377页。

洞天深处位于圆明园的东南角，东南为巽位，巽为文章府地，代表风。孔子曰："君子之德如风，小人之德如草，风吹草偃。" 在东南拜孔圣先师不仅符合"左青龙"以文为主的建筑文化，还在方位上暗示了儒家的君子之德。乾隆皇帝称这里是"杂植卉木，纷红骇绿，幽岩石厂，别有天地非人间"，并写诗赞其曰："幽兰泛重阿，乔柯幕憩樹。牝壑既虚寂，细瀑时淙泻。瑟瑟竹籁秋，亭亭松月夜。对此少淹留，安知岁月流。愿为君子儒，不作逍遥游。"此诗的最后两句也暗示了乾隆皇帝在道家与儒家之间对儒家的推崇。

4.9 大宫门——"地气纳天光"的规划设计方法

圆明园大宫门，是清帝御园正宫门。门前左右朝房，其后东为宗仁府、内阁、吏部、礼部、兵部、都察院、理藩院、翰林院、詹事府、国子监、銮仪卫、东四旗各衙门等直房。西为户部、刑部、工部、钦天监、内务府、光禄寺、通政司、大理寺、鸿胪寺、太常寺、太仆寺、御书处、上驷院、武备院、西四旗各衙门直房。东夹道内为银库，又东北为南书房，东南为档案房；西夹道之西南为造办处，南为药房[①]。可以说清朝几乎所有国家机关在正大光明及大宫门内外都建有分部或值班所。

圆明园的大门设计仿照北京紫禁城宫殿，严格按照中轴线左右对称的格式，中轴线为影壁—大宫门—出入贤良门—正大光明殿—殿后寿山，层层递进。风水对于这一规划设计尤其是在选择大门的朝向上起到十分重要的作用。雍正二年的风水报告上曾记载了圆明园大宫门到正大光明殿的规划设计："第一层大宫门系延年金星，玉石桥北二宫门系六煞水星，大殿系贪狼吉星，以理事殿佐之，木火相生，此九紫之居正南

---

① （清）于敏中等编纂：《日下旧闻考》，卷八十《国朝苑囿》，北京古籍出版社，1981年，第1325页。

也。"这说明圆明园的大宫门的朝向是根据"大游年法"和"贯井法"来设计的。具体方法如下：

(1) 将宅院按九宫格划分，并用后天八卦排定方位，确定宅院的伏位（在择门的规划中，通常以宅院的坐向为伏位）。我国地处北半球，取子山午向，坐北朝南，有利于避风采光；特别是传统中"面南背北"、"南面而坐"更是帝王的象征。故圆明园内宅院坐北朝南，北在后天八卦中为坎位，因此，伏位在北方，为坎位（图4-11）。

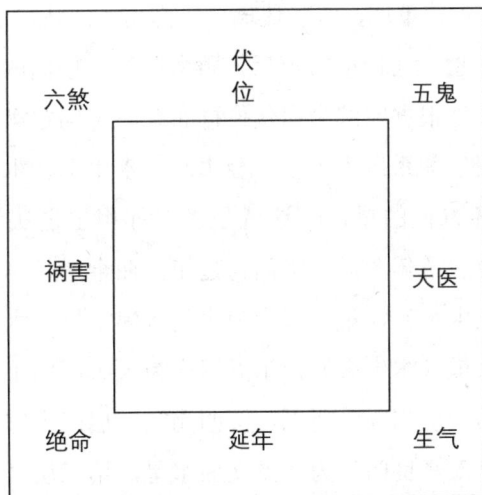

图4-11 坎宅的大游年法择门

(2) 然后，从伏位循八卦方位顺序(左旋，即顺时针方向)，按照大游年歌诀布北斗七星，与宅门之外的其它宫卦对应。阴阳宅风水之八门套九星歌诀为：乾为伏位：六天五祸绝延生。坎为伏位：五天生延绝祸六。艮为伏位：六绝祸生延天五。震为伏位：延生祸绝五天六。巽为伏位：天五六祸生绝延。离为伏位：六五绝延祸生天。坤为伏位：天延绝生祸五六。兑为伏位：生祸延绝六五天。圆明园"坎"为坎位，按顺时针从北排"五天生延绝祸六"，即五鬼廉贞火星、天医巨门土星、生气贪狼木星、延年武曲金星、绝命破军金星、祸害禄存土星、六煞文曲水星（图4-11）。

九星之中，除去左辅右弼，以生气、延年、天医为吉，余者为凶。因此，圆明园大门的吉方为东南方（生气）、东方（天医）、南方（延年）（图4-11）。南方延年金星大吉。中国几千年的政治观念以"正"治国，南方离卦代表太阳，"取向明而治之意"，所以在"正南九紫建立宫门"。延年金星为上吉星，适合建得壮观华丽。因而圆明园的大宫门建在一座宽大月台上，门前有巨大的广场和人工湖，湖前有影壁，宽四十五米。影壁古称萧墙，五彩琉璃，上饰飞龙，壮观华丽。

确定了第一层大宫门的方位后，再考虑第二层门的吉凶。对于动宅（二至五层），先根据宅院坐向伏位排布九星，确定第一层门的星位。然后再依五行相生关系：土生金、金生水、水生木、木生火、火生土，顺次推出以后各方位的星位，这就是"五行相生之法"。因此，对于"动宅"，按古法游年图局，南门为延年武曲金星，第二层的门应为六煞文曲水星（金生水），第三层应为生气贪狼木星（水生木），第四层应为五鬼廉贞火星（木生火），第五层应为天医巨门土星（火生土），到第六层应与第一层相同。所以，圆明园第一层门大宫门为延年武曲金星，第二层"出入贤良门"为六煞文曲水星，第三层"正大光明殿"为生气贪狼木星。这也就是雍正三年圆明园风水报告中关于大宫门区域规划的来源。

第五章

众山之祖的昆仑山龙脉——
圆明园精神信仰的山峰

我国的神话主要有两大系统：一是产生于西部的昆仑神话；一是形成于东部的蓬莱神话。如果说产生于西方的昆仑神话是大山的传说，那么形成于东方的蓬莱神话就是大海的故事。昆仑山和蓬莱仙岛，是我国传说中最早的两个神仙世界，它们和华夏大地西北背靠高山，东南接大海的真实地理环境特征相互结合，成为人们精神生活的重要内容。所以，圆明园在规划设计上虽以驺衍的小九州和大九州的宇宙观为蓝本，却还要将东西两大神话传说贯穿始终。

本章主要介绍昆仑山神话对圆明园西北方文化意象的影响，下一章则主要讨论蓬莱神话和福海景区的关系。圆明园小九州景区外的西部、西北部和北部，体现了昆仑山神话和中华大地理想风水格局相结合的文化意象。在风水学中，中华九州就有以昆仑山为始祖山的三大龙脉的说法（北龙、中龙、南龙）。圆明园西北最高地为象征昆仑山的紫碧山房。从紫碧山房自西北而向东、东南和南发出三条文化脉络，其中以中龙周围的文化景区最为丰富。这些景区主要分布在宗教建筑比较集中的西北乾地，宛若一条巨龙从西北的紫碧山房从天而降到小九州景区的杏花春馆周围。这条龙脉上的景观依次为：紫碧山房→鸿慈永祜→日天琳宇、月地云居→武陵春色，还包括东部的汇芳书院和濂溪乐处。

5.1 两大系统的神话

顾颉刚先生说过："昆仑的神话发源于西部高原地区，它那神奇瑰丽的故事，流传到东方以后，又跟大海这一自然条件结合起来，在燕、吴、齐、越沿海地区形成了蓬莱神话系统。"①圆明园把这两大神话系统都纳入园中。可以说，从紫碧山房到福海的三神山景区集中反映了从昆仑到蓬莱的神话传说。

昆仑的神话发源于西部高原地区。昆仑山在现代地理上西起帕米尔高原，横穿新疆、西藏，直至青海，是我国西部的主要山系之一。古代神话中的昆仑山，与真实地理中的昆仑山互相影响、相互结合，成为一个有特殊地位的神仙府地。传说西王母居住在昆仑山上的悬圃，那里有玉楼九层，左绕瑶池，右环翠水。还有三千年开一次花、三千年结一次果，吃了可以长生不老的蟠桃。《洛阳伽蓝记》卷一曾载："有仙人桃，其色赤，表里照彻，得霜即熟。亦出昆仑山。一曰王母桃。"

昆仑是一个有特殊地位的神话中心，很多古代的神话，如夸父逐日、共工触不周山、禹杀相柳及布土、黄帝食玉投玉、稷与叔均作耕、魃除蚩尤、西王母与三青鸟、姮娥制药、黄帝娶嫘祖、蹿三苗于三危等故事，都来源于昆仑②。昆仑山上有壮丽的宫阙、精美的园囿和各种珍禽怪兽、奇花异木。住在昆仑的人"食玉膏，饮神泉"。他们采集神奇的草木，用了疏圃的池水和四大川的神泉，制成不死的药剂。凡是有不当死而死的人，都能用药把他救活③。昆仑山因此成了最理想的神仙王国。在我国古代，最早系统记载昆仑神话的是《山海经》。这些神话在《尚书》的《禹贡》里已有记载，而《左传》和《国语》里则逐渐增多，《庄子》《楚辞》这两部书中常常提到"昆仑"。

蓬莱神话系统与富于浪漫色彩的仙道传说有关。东方人说人可成仙，仙人有宋毋忌、正伯侨、羡门高等等，他们皆为燕人，长生不老，居住在蓬莱等仙岛。仙人之所以能永生，是由于"餐六气、饮沆瀣、漱正阳、含朝霞"，另外还有"形解销化"。什么是"形解销化"呢？

---

① 、② 、③ 顾颉刚：《〈庄子〉和〈楚辞〉中昆仑和蓬莱两个神话系统的融合》，《中华文史论丛》，1979年第二辑。

《史记·封禅书》集解注云："服虔曰：尸解也。张晏曰：人老如解去故骨则变化也。今山中有龙骨，世人谓之龙解骨化去。"[1]可见"解形销化"是一种人老死后尸解骨化升天的登仙之术。方仙道修炼的目的是长生不死和得道成仙。而变仙的主要方法则是把灵魂从躯体里解放出去。一经成了仙，就得到永生了。所以"神"和"仙"的名词虽异，但他们"长生不老"和"自由自在"的两个中心意思是相同的。神仙方术的传说主要来源于燕齐文化传统。自古以来，燕齐之地濒临大海。《史记·封禅书》曾记载："自威、宣、燕昭使人入海求蓬莱、方丈、瀛洲，此三神山者，其传在渤海中，去人不远。患且至，则船风引而去。盖尝有至者，诸仙人及不死之药皆在焉。其物禽兽尽白，而黄金白银为宫阙。未至，望之如云；及到，三神山反居水下。临之，风辄引去，终莫能至云。世主莫不甘心焉。"

这说的是早在齐威王、齐宣王、燕昭王的时代，皇帝们就已经派人到海里去寻求"三神山"了。蓬莱等三神山（图5-1），传说是在渤海中。同昆仑一样，大海之中的蓬莱等三神山有着奇异的风景和不死之药的传说。但是没有脱胎换骨的凡人是无法到达的，他们虽然已在船上望见了灿烂如云的美景，但是等到了那里，三神山就潜伏到海底去了。最后风还把船吹走了[2]。蓬莱仙境的"可望而不可即"并没有阻止帝王们下海求仙的渴望。直到秦始皇、汉武帝时还在寻找着蓬莱仙山。

总之，昆仑和蓬莱是山和海的神话传说。山和海，一阳一阴，一静一动，它们作为昆仑蓬莱神话的自然基础，与华夏大地西北背靠高山，东南接大海的真实地理环境特征相互结合，使得中国人在精神文化信仰上既有山的崇高、坚定和忍耐，又有海的广阔、变化和自由。可以说，

---

① 《史记·卷二十八·封禅书第六》。
② 顾颉刚：《〈庄子〉和〈楚辞〉中昆仑和蓬莱两个神话系统的融合》，《中华文史论丛》，1979年第二辑。

昆仑和蓬莱神话传说的结合，不仅反映了我们祖先在早期对神州大地真实地理的认识，而且对中国人温良不失侠气、严谨不缺想象、内敛不乏激情的民族性格的塑造，起到了十分重要的作用，是中国传统精神信仰的重要组成部分。

图5-1 传说中的蓬莱山

5.2 昆仑山和龙脉的故事

在中国古代神话传说中，昆仑山是一座"百神之所在"的庄严巍峨大山。上古神话中的昆仑山，不仅是居于天地之中的神山，而且具有神话宇宙模式与意义。传说中的昆仑，即为中央之极，又是连接天地的天柱。《神异经·中荒经》说："昆仑之山，有桐柱焉，其高入云，所谓天柱也，围三千里，周圆如削。"说明昆仑山上有天柱。仙人万一想上天，这里还是绝妙的歇脚之处。昆仑又是黄河之源，是中国神话中的万山之祖。晋张华《博物志》引《河图括地志》云："地部之位起形高大者有昆仑山。广万里，高万一千里。神物之所生，圣人仙人之所集也。出五色云气，五色流水。其泉南流入中国也，名曰河。其山中应于天，最居中。"意思是说，昆仑山不仅是圣人仙人集中的地方，也是中国河流的发源地。在《山海经》中，昆仑有其特殊地位，很多古代的神话都起源于昆仑山。在昆仑神话系统中，西王母是昆仑神话中最原始的女神。西王母的信仰在战国时期已经形成，到了汉代人们对她的信仰达到鼎盛期。直到佛教文化渐盛于中国，西王母信仰才渐渐淡化。在这之前西王母可以说是中国人精神世界里最坚实的信仰。总而言之，昆仑山是西王母等百神所居，是姜子牙学道的地方，是天地之中心与支柱，是奇珍异物的集中地，是众多远古传说故事发源的神话世界。因此，昆仑山是中国文化中的宇宙神山，也是精神之山。

昆仑山文化源远流长，它不仅是神话传说的汇聚中心和仙山圣地，还是中华文化史上的"万山之祖"，华夏儿女的寻祖地。因此，在堪舆家的眼中，被称为"百神之所在"、"帝下之都"、"天中柱也"的昆仑山是天下第一山——山之祖宗。天下山脉，祖于昆仑，下生"三龙入中国"。明代刘基《堪舆漫兴》云："昆仑山祖势高雄，三大行龙南北中。分布九州多态势，精粗美恶产穷通。"三龙即山脉的三大干系，其以黄河、长江为界，将群山之脉、南北地域划分为南干（指长江以南诸山系）、中干（指黄河与长江之间诸山系）与北干（指黄河以北的群山），称为"三大干龙"。 故在堪舆观念中，中国大地群山山脉犹如条条巨龙盘踞[1]。

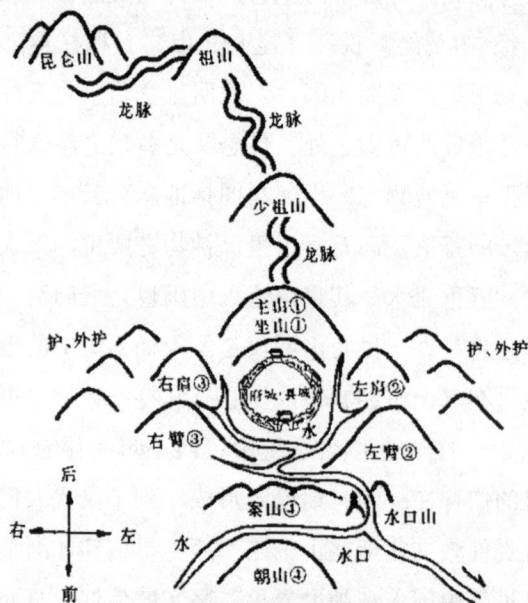

理想风水格局
①玄武，后山，后寝，背山，乐山，枕山 ②青龙，左翼，左辅 ③白虎，右翼，右弼 ④朱雀，宾山，前山

图5-2 理想的风水格局（一丁、雨露、洪涌：《中国古代风水与建筑选址》，1996年，第102页）

传统风水理念中借"龙"的名称来代表山脉的走向、起伏、转折、

---

① 何平立著：《崇山理念与中国文化》，齐鲁书社，2001年，第518页。

变化。因为龙善变化，能大能小，能屈能伸，能隐能现，能飞能潜。山势就像龙一样变化多端，故以"龙"称呼。清代叶九升在《地理大全山法全书》中曰："龙者何？山之脉也……石为龙之骨，土乃龙之肉，水乃龙之血脉，草木乃龙之皮毛。"也就是说，"龙"即是山脉。而山脉在古人的想象中，不是无生命的岩石和土壤，而是能腾云驾雾，上天入地的神兽——龙。中国古代风水师习惯上用人的"六亲"关系给从起始到尽头的"龙"的某段高耸部分命名，于是有了"太祖山"、"少祖山"、"父母山"等中国风水术语。因此，理想的风水格局应具备以下地理环境形势。[①]（图5-2）

（1）太祖山：是"龙"的一部分，源于始祖山昆仑。《地理大全》记录："大抵龙之起身发脉之处，必有高大山峦谓之太祖。"因此，太祖山应该山势挺拔雄伟，巍峨壮观，群山簇拥，支脉由该山分出；

（2）祖山（少祖山）：也是"龙"的一部分，是指太祖山之前的山，具有一定高度的高山；

（3）父母山（主山）："龙"的一部分，是指少祖山之前，基址之后的主峰。《地理大全》云："自此少祖山下，或起或伏，或大或小，或直或曲，但以玄武顶后一节之星名曰父母山。"而父母山之下落脉处是"胎"，如禀受父母的血脉而成胎一样。胎下束气处为"息"，如母之怀胎养息也；

（4）青龙：基址之左（东方为佳）的岗阜山丘，要求山势起伏连绵；

（5）白虎：基址之右的岗阜山丘，要求山形俯伏柔顺；

（6）护山：青龙、白虎山外侧的层层砂山；

（7）水口山：水流去处的左右两山，隔水成对峙状，往往处于村

---

① 一丁、雨露、洪涌：《中国古代风水与建筑选址》，河北科学技术出版社，1996年，第103页。

镇入口处；

（8）案山：基址之前隔水的近山，要求是较低矮的小岗阜，似几案一般；

（9）朝山：基址之前隔水及案山的远山，往往是基址前瞻视线的收束点和对景；

（10）龙脉：连接太祖山、太宗山、少祖山、少宗山及父母山的脉络之山；

（11）明堂：龙穴之前空旷之地，生气聚合。

5.3 圆明园内的昆仑山龙脉文化意象

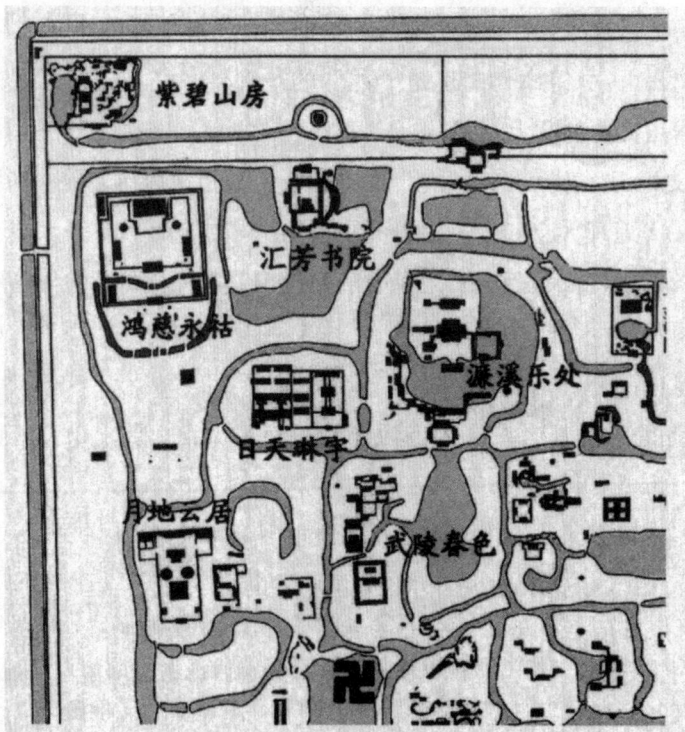

图5-3 圆明园西北部的景区图（《圆明园四十景
图咏》，中国建筑出版社，2007年，第1页）

116

　　巍巍群山不仅是中华大地的脊梁骨，而且也是有着悠久历史的华夏文明的经脉。圆明园的地貌环境是在自然山水的基础上仿照昆仑山的三大龙脉修建而成的（详见第二章）。龙脉也像人一样必有祖宗、父母，父母有胎有息，始能成穴。通常山势愈高大的太祖山，绵延千里后所结的龙穴越吉祥。于是，象征昆仑山的圆明园的最高点从紫碧山房开始，一条龙脉从天而降，到达小九州景区的最高处杏花春馆。这条龙脉位于西北乾地，为三大龙脉的中龙。乾为天，"天"为天上神佛居住的地方。因此，龙脉所到之处，均为圆明园内精神上的山峰。从圆明园的西北角最高点紫碧山房往东南是象征祖山的皇家宗祠鸿慈永祜，然后是太阳和月亮居住的地方日天琳宇和月地云居（二者皆为寺庙），接着到了人间的世外仙境武陵春色，最后汇入小九州景区的最高处杏花春馆（图5-3）。值得一提的是，代表昆仑山的紫碧山房既是园内的始祖山，又象征华夏文明之起源。而园内的皇家宗祠鸿慈永祜既为祖山（少祖山），又可被看做是清朝的开始。而这种理想风水地理格局的规划设计，体现了清朝作为中国历史的一部分，以传统华夏文明为祖宗，为中华传统文化所孕育这一天下古今大一统的思想。总之，这里是一处将昆仑山传说和风水中理想的地理格局相结合的区域。而各景区的文化意象不仅在视觉上体现了从天上到人间的层次感，而且在时间上表现出了中华历史文化的传承性。

　　在传统文化的观念中，山是"龙脉"，是骨架，而水是"血脉"。二者都是人文景观建构中所考虑的重要因素。风水的环境艺术在这里沟通、联络、烘托，将山丘峰岭与人文景观构成一个整体。总的来说，圆明园西部和北部是以昆仑山为始祖山的三大龙脉为文化意象的，其中又以中龙的精神文化内涵最为丰富。在这条龙脉的周围，以山峰和建筑为主体的景区又对应着以水体为主体的景区。如在以建筑为主的鸿慈永祜之东的是以水面为主的汇芳书院；在以建筑为主的日天琳宇之东的是以水面为主的濂溪乐处。而日天琳宇是三面环山，月地云居是三面环水。

117

这种设计使得人文景观倚托山脉、借助水体而构筑，而山脉水体又体现了人文的意境。具体地说，汇芳书院和濂溪乐处主要体现的是儒家思想，月地云居和日天琳宇主要表现的是佛和道的宗教内涵，鸿慈永祜体现的是"孝"文化，而紫碧山房则讲述华夏远古的神话故事。总之，圆明园西北乾地代表的是中华传统文化中儒、道、佛三位一体的精神信仰的山峰。而这些精神信仰又是以园内的自然环境贯穿始终的。可以这样说，起伏纵横的山丘与曲折如练的溪流，是一条率领西北乾地人文景观的龙脉。

5.4 紫碧山房——西王母的蟠桃园

昆仑山神话中最深入人心的就是关于西王母的神话。西王母是中国神话系统中地位最高的具有明确政治意味的女神。她原是掌管灾疫和刑罚的西方神，后来逐渐女性化与温和化，成为美丽慈祥的女神。

在上古时西王母最初的形态并非是人形，而是人和动物的混合形态。《山海经》记载："西王母其状如人，豹尾虎齿，善啸，蓬发戴胜，是司天之历及五残。"《山海经》又说："有人戴胜，虎齿豹尾，穴处，名曰西王母石室。"也就是说，昆仑之丘的西王母为"虎身人面"、长着"虎齿"的善舞之神。昆仑绝顶上有三只叫"青鸟"的巨形猛禽，每天替她叼进食物。西方白虎为其使者。《穆天子传》里，西王母又像是一位温文儒雅的统治者。周穆王在瑶池与西王母相会，两人以诗词相互致意。相传他们相会时，西王母在宴会上吟诗，并述说自己是"华夏古帝"的女儿。《汉武帝内传》又称其"着黄金褡袄，文采鲜明，光仪淑穆，带灵飞大授，腰佩分景之剑，头上太华髻，戴太真晨女之冠"。可见西王母又成为天姿国色的贵妇人，她赐予了汉武帝三千年结一次果的蟠桃。此后昆仑山的神话又和宗教故事相互结合，形成了后来的道教里玉皇大帝与西王母是夫妻的这么一种传说。于是，西王母则成为道教中的女仙领袖——风姿绰约、温和慈祥的王母娘娘。道教将每年"三月三"定为王母娘娘的诞辰，俗称蟠桃盛会。

汉代学者东方朔在其所著《海内十洲记》中描写西王母的宫阙，"其一角有积金为天墉城，面方千里。其北户山承渊山，又有墉城金台玉楼；相畔如流，精阙之光，碧玉之堂，琼华之室，紫翠丹房，锦云烛日，朱霞九光，西王母之所治也"。可见，神话中西王母所住的昆仑山上有"紫翠丹房"。但是清朝的皇帝们并不在这里炼丹，于是"紫翠丹房"就变成紫碧山房了。这也许就是圆明园内的最高点紫碧山房名字的由来吧。

西王母所住的地方是什么样子呢？《古今图书集成》载："西王母所居宫阙，在龟山春山西之都，昆仑之圃，阆风之苑。有城千里，玉楼十二，琼华之阙，光碧之堂，九层元室，紫翠丹房；左带瑶池，右环翠水。其山之下，弱水九重，洪涛万丈，非飙车羽轮，不可到也。"《博物志》称，瑶池有桃树，"三千年一生实"。也就是说，西王母住的昆仑山有瑶池、蟠桃园，园中蟠桃食之可长生不老。居处有城千里，玉楼十二，九层元室，紫翠丹房，左带瑶池，右环翠水。

位于圆明园内的紫碧山房景物设计与西王母居住的昆仑山很相似。紫碧山房前宇为横云堂山房，横云堂西面有一池清水，池上为澄素楼（图5-4）。真可以说是"左带瑶池"。正殿南面临湖建有宫门码头，站在山上向下观望，就好似"其山之下，弱水九重"。紫碧山房北为霁华楼，迤东为景晖楼[1]，这里本来地势就高，又广叠山石，又有很多可以观景的亭台楼阁，就好像"玉楼十二，琼华之阙"（图5-4）。在紫碧山房东面还建有果园，就如同西王母的蟠桃园。乾隆皇帝曾多次下园种植水果，收获后不但自己吃，还经常进呈给皇太后品尝，就像是献蟠桃一样，寓意给太后添福添寿。

---

[1] （清）于敏中等编纂：《日下旧闻考》，卷八十一《国朝苑囿》，北京古籍出版社，1981年，第1354页。

总之，紫碧山房代表圆明园内的昆仑山，是圆明园内龙脉的始祖地，究其原因有四：(1) 根据圆明园的风水报告，天下山脉发于昆仑，圆明园内西北为高山，东南接大海。而紫碧山房正位于园内西北最高处，有极大的可能象征昆仑山。(2) 紫碧山房的名字来源于"紫翠丹房"，是西王母在昆仑山上的居所。(3) 西王母即传说中的王母娘娘，王母娘娘最出名的就是蟠桃园。而紫碧山房又恰好为圆明园内的果园。(4) 西王母在昆仑山上的宫殿"左带瑶池"，紫碧山房主殿的西侧又恰好挖掘一人工湖等等。从以上分析可以知道，紫碧山房就是圆明园内的昆仑山。

图5-4 紫碧山房（张宝成：《逝去的仙境：圆明园》，蓝天出版社，2002年，第23页）

5.5 龙脉上的祖山——鸿慈永祜

鸿慈永祜（图5-5），亦称安佑宫，是一处大型的寺庙园林。它位于九州景区西北，紫碧山房之南。鸿慈永祜景区在功能上为清代皇家宗祠，在龙脉上与紫碧山房相连，在文化意象上象征少祖山（或祖山），表达了昆仑山文化为始祖，清朝历代开国祖先为少祖的文化内涵，体现了清代文化对中华文明的传承性。鸿慈永祜景区后部的自然山丘为靠山，两侧的山体作为环护，中间台地安排建筑，前面有河流蜿蜒其间，正好符合前朱雀、后玄武、左青龙、右白虎的理想风水格局，体现了宗庙与山水相称的原则。可以这样说，鸿慈永祜景点坐靠祖山，为清帝御苑的皇家祖祠，以"孝"为意境。

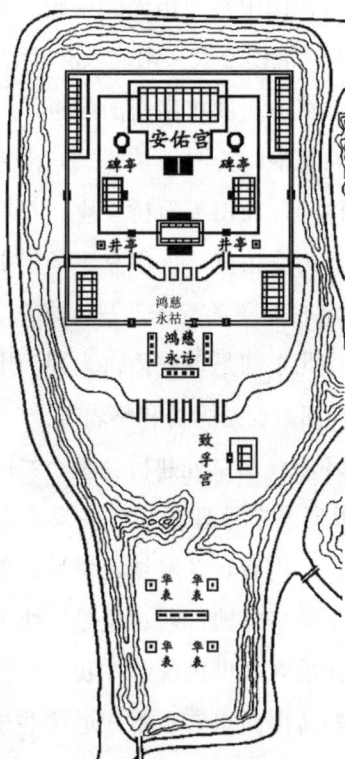

图5-5　鸿慈永祜（中国圆明园学会主编：《圆明园四十图
咏》，《圆明园》，1983年第2期，第109页）

鸿慈永祜位于圆明园内的祖山之上，为清帝祭祀祖先的太庙，俗称"小太庙"。取名"鸿慈永祜"，寓意"慈恩浩大，永祈安福"。鸿慈永祜又名"安佑宫"，是乾隆供奉他的祖、父二人画像的家庙，系仿汉代"原庙"之制而建。孝，是儒学伦理极为重要的道德规范之一。在中国古代，历代王朝都主张"以孝治天下"，因此宗庙的修建就显得十分重要。传说帝喾高辛氏是第一个立宗庙的帝王，后来历代帝王都非常重视对祖先的祭祀。宗庙祭祀活动成为历代帝王三大祭祀（天、地、祖先）活动之一。周代已有一套严格的程序和仪式，后代宗庙祭祀制度基本上沿用了周礼。

安佑宫，是清朝皇帝在园中祭祀祖先的宗庙。整个建筑群四面青山绿水环绕、苍松翠柏遮地，规模宏大（南北长300米），建筑华丽，布局严谨。具体来说，"安佑宫前琉璃坊座南面额也，左右石华表各一，坊南及东西复有三坊，环列其南，为月河桥。又东南为致孚殿，三楹，西向宫门五楹，南向为安佑门，前白玉石桥三座，左右井亭各一，朝房各五楹，内重檐正殿九楹，为安佑宫，内中龛奉圣祖御容，左龛奉世宗御容，右龛奉高宗御容，左右配殿各五楹，碑亭各一，燎亭各一"[①]。总之，它可以分为两部分：北半部是以安佑宫大殿为主，两道围墙围成近似于正方形的大院；南半部主要是牌坊和华表等。

鸿慈永祜南方曲水环流，水口处建桥。整个景区形状好似龟，周围苍松围绕（图5-5）。根据清末地理名师江任泉手本的说法"大凡寻地先观水口城门，周密关栏，内有真龙融结，龟蛇狮象收水，中藏大格之龙。日月华表捍门，定结荣华之地"，这里是一块风水宝地。安佑宫南面有华表。传说李渊临死前对李世民说：在我陵前置华表一对，使后世子孙可以听到我借助犼犼传出的忠告。不知道这些华表能不能传递已逝皇帝对他们后代的忠告呢？

从华表向北走，可看见安佑宫门外立有三门琉璃火焰牌楼一座，上有乾隆御笔亲题的鸿慈永祜匾。琉璃火焰牌楼前是致孚殿。致孚殿是清朝各帝祭祖更衣的地方。致孚殿往北，穿过安佑门，巍然矗立着一座九楹的高大的殿堂，这就是安佑宫。安佑宫为重檐歇山顶，黄琉璃瓦，面

---

① （清）于敏中等编纂：《日下旧闻考》，卷八十一《国朝苑囿》，北京古籍出版社，1981年，第1351页。

阔九间，是圆明园建筑等级最高的一座建筑。安佑宫四周围以汉白玉栏杆，更衬托出它的庄严肃穆。殿内供有康熙、雍正、乾隆、嘉庆、道光五代皇帝的御容（画像），每年上元、中元、清明、先祖生辰和祭日，皇帝都必须来此叩拜[①]。

5.6 太阳和月亮居住的地方——日天琳宇和月地云居

5.6.1 "佛楼"日天琳宇

日天琳宇（图5-6），俗称"佛楼"，是园中最大一处礼佛区。其西南隔水与月地云居相连，西北是皇家祖祠鸿慈永祜，东邻汇万总春之庙。它东、西、北三面环山，由于它独处一院，周围青山叠石，曲径通幽，所以颇有山中古刹之意。日天琳宇位于西北乾地，乾卦代表天，在白天太阳是天空的主宰，万物生长都要靠太阳。日为阳，"琳宇"意为宫殿，因此日天琳宇为环山的阳地，寓意主宰天地的神仙佛祖在天上所居住的宫殿。乾还象征龙，因此，这里除了供奉天上的玉皇大帝外，还有龙王庙。

日天琳宇是一处大型皇家寺院，其规制皆仿雍和宫后佛楼式，西边为并排两组佛楼，东边为瑞应宫。西边佛楼有中前楼、中后楼、西前楼、西后楼，前后楼间有穿堂，各楼之间以天桥相连。中前楼外檐悬雍正御书"极乐世界"匾，楼上供奉关帝，关帝历来被奉为保护神。在历代帝王庙建筑群里，单独建关帝庙，是想借助忠义仁勇的关帝来镇恶辟邪，起到护卫的功能。因此供奉关帝的佛楼又有对联"千载丹心扶大义，两间正气护皇图"。[②]

---

① 刘阳著：《城市记忆·老图像：昔日夏宫圆明园》，学苑出版社，2005年，第46页。
② （清）于敏中等编纂：《日下旧闻考》，卷八十一《国朝苑囿》，北京古籍出版社，1981年，第1355页。

西前楼为日天琳宇的正宇，外檐悬挂雍正亲笔御书"一天喜色"，楼上供奉玉皇大帝。玉皇大帝是主持天道，总管三界、十方、四生、六道，统辖神仙世界的天神。他作为统治天地的帝王，就像是天上的太阳一样。他所居住的宫殿就是日天琳宇。

东别院是瑞应宫。古代认为帝王修德，时世清平，天就降祥瑞以应之，谓之瑞应。瑞应宫有三进大殿，前为仁应殿、中为感和殿、后为晏安殿。瑞应宫位于西北乾地，乾又象征龙，因此这里是供奉龙王的龙王庙。在乾隆朝后期，瑞应宫内又添建了雷神殿，殿内供奉雷神一尊。可以说，日天琳宇既有佛国的境界，又有道教的神灵，但总的说来这座佛楼中道教色彩浓于佛教。

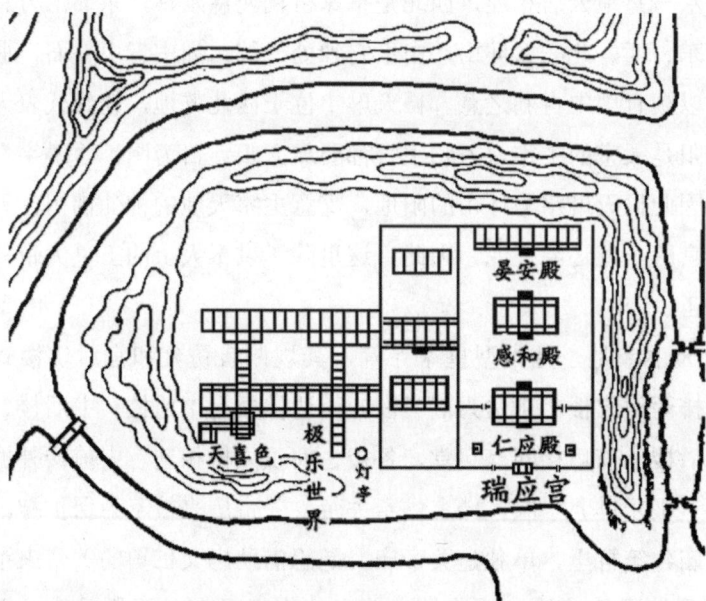

图5-6　日天琳宇（中国圆明园学会主编：《圆明园四十图咏》，《圆明园》，1983年第2期，第113页）

雍正、乾隆、嘉庆时期，"日天琳宇"道场佛事特盛。在古代，"九"是个神秘而又神圣的数字，表示极大数、天数。因此道教将农历正月初九这个极尊的日子，定为玉皇大帝的诞辰，即"玉皇诞"。据《穿戴档》记载，乾隆二十一年（1756）的正月初八驻园之日、正月初九"玉皇诞"、上元日（正月十五），以及凡遇初一和十五日等，乾隆皇帝都要到佛楼拜佛，一年多达12次。此外，四月二十七日、五月二十七日、六月初三、七月初三和二十七日，乾隆还多次到瑞应宫斗坛磕头[①]。

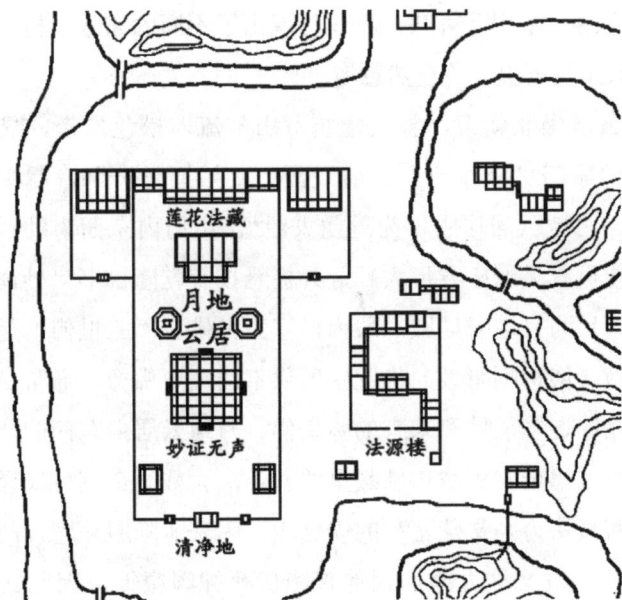

图 5-7 月地云居（中国圆明园学会主编：《圆明园四十图咏》，《圆明园》，1983年第2期，第107页）

5.6.2 "清静地"月地云居

月地云居（图5-7）地处日天琳宇西南，亦称清静地。它南、北、西三面临水，东边山峰叠置，处在山水环抱之中。月地云居是一处典型的佛教寺院，最早是皇家祖祠，里面供奉雍正御容。乾隆五年，当鸿慈

---

① 田冬梅著：《道教与圆明园》，《圆明园研究》，2005年，第五期。

永祐在月地云居正北建成，其功能取代了月地云居。此时，原来的名称"安佑宫"改为现在的月地云居，添建成了佛寺。改建后的月地云居在设计和文化意象上与日天琳宇相对应。月地云居与日天琳宇都位于西北乾地，乾为天，寓意天上神佛居住的地方。日天琳宇三面环山，为佛楼；月地云居三面临水，又叫做清净地；山为阳，水为阴，日为阳，月为阴，太阳象征白天，月亮象征晚上，所以月地云居与日天琳宇位于西北乾地，一阴一阳相互辉映，不仅体现出了不同的宗教风格，而且表达了日月在天上昼夜更替的自然意境。

月地云居坐北朝南，整组建筑背山临流，松色翠密，显得十分庄重。其山门额曰"清净地"，前殿额曰"妙证无声"，后楼额曰"莲花法藏"，月地云居居中，为五楹大殿[①]。山门内东西为钟、鼓楼。过钟、鼓楼便可看见一座方形大殿，外檐悬挂有乾隆御书"妙证无声"。妙证无声殿后为月地云居殿，殿内供奉三世佛。"三世佛"是13世纪以来藏传密教（俗称喇嘛教）佛堂中所供奉的主要佛像。通常是指过去燃灯佛、现在释迦牟尼佛和未来的弥勒佛。月地云居殿东西的八方重檐亭内还供奉大威德金刚等藏传佛教里的菩萨。大威德金刚，汉译大威德明王。藏传密教认为是文殊菩萨的愤怒相，因其能降服恶魔，故称大威又有护善之功，故又称大德。因他曾降伏死神阎魔天，因此其名字具有"死亡的征服者"之含义。月地云居殿后是藏经楼，外檐悬挂有乾隆御书"莲花法藏"。藏经楼内供奉有"无量寿佛"，还收藏有大量经文。

从月地云居供奉的菩萨来看，月地云居是藏传佛教特色很强的一所佛寺。藏传佛教的密宗修道场往往是与外界隔绝的。而月地云居也确实体现了一种特别幽静的气氛，因此又被称为"清净地"。这里的白云、青山、细流、翠柏、佛寺，造就了一种"云在青山月在天"的亦梦亦幻

---

① （清）于敏中等编纂：《日下旧闻考》，卷八十一《国朝苑囿》，北京古籍出版社，1981年，第1350~1351页。

的佛教意境。正像乾隆在《月地云居诗序》中所写："琳官一区，背山临流，松色翠密，与红墙相映。结楞严坛大悲坛其中。鱼鲸齐喝，风旛交动。才过补特迦山，又入室罗筏城。永明寿所谓宴坐水月道场，作大梦中佛事也。"

5.7 武陵春色——人间的世外仙境

武陵春色（图5-8）建于1720年（康熙五十九年）前，初名桃花坞，后改为"武陵春色"，是仿照晋代陶渊明《桃花源记》中所描绘的意境建造的。与其他仙境故事相似的是《桃花源记》描写了一个美好的世外仙界，在那里生活着一群普普通通的避难人。这些人勤劳善良，和平宁静地生活在一片没有战争、没有压迫的世外桃源。这种世外仙界虽在人间，却"设想甚奇，直于污浊世界中另辟一天地，使人神游于黄、农之代"（清朝学者邱嘉穗语），比天上的神仙宫阙还要令人神往。

为了再现桃花源的美丽景色，武陵春色小河环绕，河边种植了万株桃花，给人以"忽逢桃花林，夹岸数百步，中无杂树，芳草鲜美，落英缤纷"的世外桃源的感觉。乾隆在"武陵春色"诗序中写道："循溪流而北，复谷环抱。山桃万株，参错林麓间。落英缤纷，浮出水面，或朝曦夕阳，光炫绮树，酣雪烘霞，莫可名状。"从乾隆的描写中我们可以看出，这里与传说中的桃花源一般无二。

武陵春色山中还有一桃源洞，雍正皇帝御书："壶中天。"石洞之南为武陵春色。洞前有一池清水，池北为壶中日月长，东为天然佳妙，南为洞天日月多佳景。武陵春色西为全璧堂，东南亭为小隐栖迟。堂后由山口入，可到桃源深处、清水濯缨、馆春轩、品诗堂等地[1]（图5-8）。雍

---

[1]（清）于敏中等编纂：《日下旧闻考》，卷八十一《国朝苑囿》，北京古籍出版社，1981年，第1347页。

正皇帝对这里可谓是情有独钟。因此，在他咏圆明园的园景十二咏中，有两首是赞美这里的。其中一首"桃花坞"曰："水南通曲港，水北入回溪。绛雪侵衣艳，赤霞绕屋低。影迷栖栋燕，声杳隔林鸡。槛外风微起，飘零锦堕泥。"这首《桃花坞》与乾隆皇帝对《武陵春色》的题诗类似："复岫回环一水通，春深片片贴波红。钞锣溪不离繁囿，只在轻烟淡霭中。"但在意境上又略有不同。在乾隆笔下，这里是春意盎然、桃花烂漫、霞光迤逦的世外仙境。而在雍正的眼里，却是恬淡自然，鸟鸣山幽，微风吹过，花瓣满怀，颇有几分五柳先生的田园风格。

有意思的是，桃源仙境之所以吸引人，有一个很重要的原因是这里是"虽有父子却无君臣"的平等社会。那清朝的皇帝在再现这人间仙境之时，又是怎么看待这传说中的世外桃源呢？雍正皇帝曾咏"壶中天"："峰峻疑无路，云深却有扉。鹤闲时独唳，花静不轻飞。洞里春长驻，壶中月更辉。一潭空似镜，碧色动帘衣。"[①] 而"壶中日月长"、"天然佳妙"、"洞天日月多佳景"、"小隐栖迟"、"桃源深处"等匾额也皆为雍正所书。从他的诗词和匾额来看，雍正皇帝将世外桃源的意境与道家的洞天福地相结合。洞天福地是道家隐居和修炼长生不老的地方，所谓"洞中才数月，世上已千年"！所以此处桃源仙境建有桃花洞。桃花源与桃花洞虽然并非天上的神仙居处，却是可以让人青春常驻的洞天福地。

与喜好道家修真的雍正皇帝不同，乾隆皇帝强调的是儒家的道德思想。乾隆还是皇子时，曾在圆明园的"桃花坞"读书，当时的匾额为"乐善堂"。乾隆曾写"乐善堂记"："颜之曰乐善堂者，盖取大舜乐取于人以为善之意也。夫孝悌仁义乃所谓善也。人能孝以养亲，悌以敬长，仁以恤下，义以事上，乐而行之。"总而言之，为善最乐。不知道"为善最乐"是不是乾隆皇帝对《桃花源记》中人人自得其乐的社会的解释呢？无

---

① 园景十二咏之"壶中天"，收录于《雍正御制诗文集》卷二十六。

论如何，不管是雍正还是乾隆对桃花源中的美景都十分向往。而"武陵春色"也就成了位于天上的神仙宫阙与九州大地之间的世外仙境。

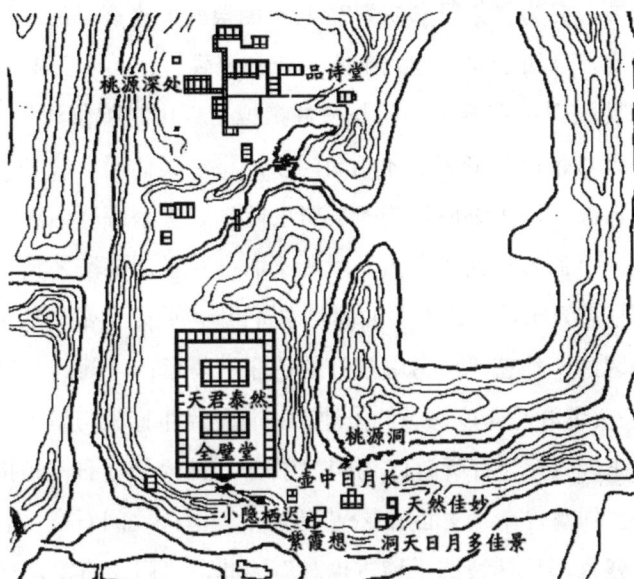

图5-8　武陵春色（中国圆明园学会主编：《圆明园四十图咏》，《圆明园》，1983年第2期，第103页）

5.8　汇芳书院——不是集仙是集贤

汇芳书院（图5-9）位于鸿慈永祜东面，顺木天南面。与鸿慈永祜以青山和建筑为主体不同的是，"汇芳书院"是以水景为主的一组书院型园林。两个景区一刚一柔，相映成趣。相对于小九州景区来说，汇芳书院依然是位于西北乾地。乾代表天和龙，所以西北乾地是天上的神仙佛祖居住的地方，也因此成为圆明园内宗教建筑集中之地。为什么这里是"汇芳书院"，而非"集仙殿"呢？

汇芳书院建成于乾隆七年，宫门外檐悬挂乾隆御笔"汇芳书院"，西、南、东三面都有水池。这里环境优美，景色宜人。"汇芳"的意思是"集贤"。中国古代书院史上，李唐政权在洛阳创建的丽正书院和集贤书院，实际上是两所书院先后命名的一所书院。但是，"丽正书院"为什么后来要改名为"集贤书院"？其原因根源于唐玄宗的政治主张。关于这一史实，《唐会要》卷六十四中曾有记载。开元十三年（725），玄宗大加夸奖张说：在丽正书院与诸儒撰拟"泰山封禅仪注"，四月二日，玄宗因与张说及诸多贤才相聚同乐，将"集仙殿"改名为"集贤殿"，并下旨改"丽正书院"为"集贤书院"。玄宗解释由集仙殿改集贤殿的理由："仙者，捕影之流，朕所不取；贤者，济治之具，当务其实。"意思是作为明君应该不求仙佛，求贤臣[1]。乾隆皇帝显然是赞同这个观点的。因此，他在"汇芳书院"的诗序中写道："问津石室，何必灵鹫峰前" 灵鹫峰是印度佛教的圣地，相传是当年佛祖与诸弟子讲经说法之地。问津，原意为打听渡口，引申为探求道路途径。石室是指古代藏图书档案处。刘勰曾在《文心雕龙·史传》中写道："阅石室，启金匮，抽裂帛，检残竹，欲其博练于稽古也。"因此，"问津石室，何必灵鹫峰前"可以理解为，"想要知道事情的答案可以去集先贤智慧于一室的图书馆，而不必去灵鹫峰求神卜卦问佛祖"。这也许就是位于西北乾地的是"汇芳书院"，而非"集仙殿"的原因吧！

汇芳书院平面形如弦月，内宇为抒藻轩，后为涵远斋，西为随安室，东为倬云楼。[2]在四库全书编纂筹备阶段，乾隆派大臣到全国各地搜寻古今藏书，收集而来的众多书籍就曾转移到汇芳书院的涵远斋。乾隆非常喜欢这里，常在这里研读经史。汇芳书院也是清朝历代皇帝读书之所。乾隆曾为"涵远斋"题联："宝案凝香，图书陈道法；仙台丽景，晴雨验耕桑。"上联寓意，皇室必须发扬读书治国之风，应当从书中获取治国安邦的智慧。下联则是提醒身在深宫的皇子皇孙欣赏美景的同时，不要忘了时

---

① 李广生著：《趣谈中国书院》，百花文艺出版社，2002年，第43页。
② （清）于敏中等编纂：《日下旧闻考》，卷八十一《国朝苑囿》，北京古籍出版社，1981年，第1354页。

刻关心百姓穿衣吃饭的农桑生活。乾隆的这种"集贤"、"务实"的政治
主张，还表现在了对"汇芳书院"的题诗中："书院新开号汇芳，不因叶
错与华裳。菁莪耦朴育贤意，佐我休明被万方。"乾隆皇帝表明，书院名
为"汇芳"不是为了享受繁花茂叶之美，而是在欣欣向荣的美景中时刻不
忘亲近和培育贤才，佐我明察万方的智慧。

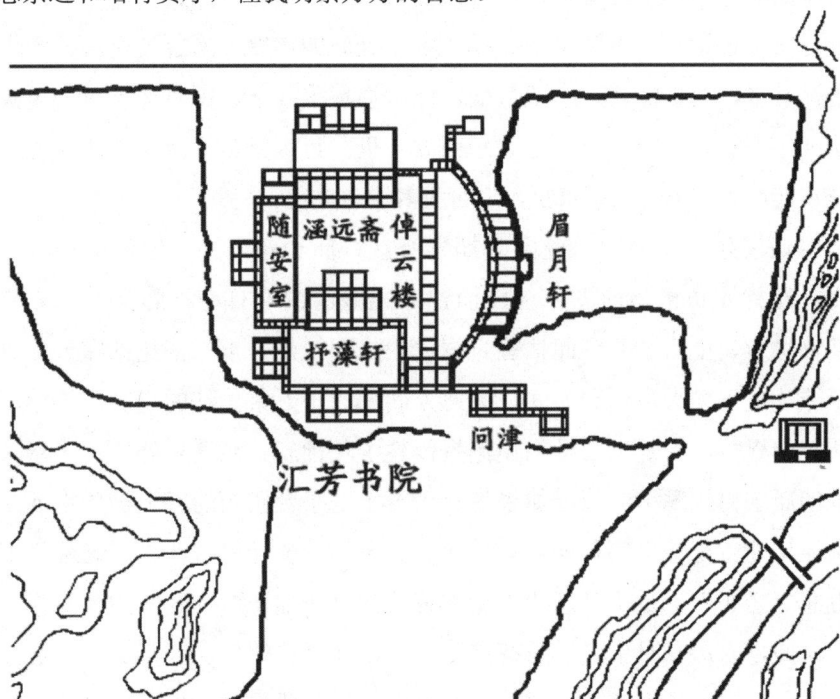

图5-9 汇芳书院（中国圆明园学会主编：《圆明园四十图咏》，
《圆明园》，1983年第2期，第111页）

5.9 濂溪乐处——思过自省的人间仙境

濂溪乐处（图5-10）位于日天琳宇之东，是圆明园中占地面积较大
的"园中园"。濂溪乐处是一个以水体为主要面积的景区，全园中心是
一个被湖面所围绕的大岛，主体建筑濂溪乐处就在这个大岛之上。濂溪
乐处后为云香清胜，东为芰荷深处。折而东北为香雪廊，廊东、云霞舒

卷楼,为临泉亭,其南为汇万总春之庙,正殿为蓄育群芳,东北为香远益清楼,西为乐天和、味真书屋,又西为池水共心月同明①。整个景区山围水,水绕山,山水相连,天然成趣。

濂溪乐处又称"慎修思永",雍正年间就已建成,是清朝皇帝思过自省的地方。这里的主体建筑为慎修思永殿,殿北为知过堂,堂内墙壁上挂《知过论》。乾隆皇帝在"濂溪乐处"的诗序中形容这里:"苑中菡萏甚多,此处特盛。小殿数楹,流水周环于其下。每月凉暑夕,风爽秋初,净绿粉红,动香不已。想西湖十里,野水苍茫,无此端严丽也。左右前后皆君子,洵可永日。"可见其景色之美。

濂溪乐处的南面,乾隆时期建有花神庙一座,正名曰汇万总春之庙。花神庙仿杭州西湖花神庙而建,正殿内供奉有花神牌位。每年定期,皇帝、皇后都要到此拈香。据说,洛阳牡丹等十二位花神在天上犯了罪,被玉皇大帝贬到人间,因此人间变成了万紫千红的花乡。为感谢花神的恩赐,于是老百姓们便集资修建了花神庙。濂溪乐处位于玉皇大帝的庙宇日天琳宇旁边,如果说日天琳宇是亭台楼阁的天上极乐世界,濂溪乐处就是十里莲花处处香的人间。不知道乾隆皇帝在这里修建"汇万总春之庙",是不是想让玉皇大帝看到百花仙子造福凡间的善举呢?在民间,农历二月十二日为花神诞辰,谓之"花朝"。三月二十九日,要在花神庙旁举办花会,谓之"谢神"。届时要唱戏。也许这就是"濂溪乐处"还有小型西洋戏台及西洋塔的原因吧。乾隆皇帝十分喜爱这里,经常来此喝茶听戏。

真正让这里成为"慎修思永"的地方的原因也许还是因为那一池的荷花。濂溪乐处中的"濂溪"源于世称"濂溪先生"的周敦颐。周敦颐为北宋大儒,曾创立理学学派。他的千古名篇《爱莲说》中的"出淤泥

---

① (清)于敏中等编纂:《日下旧闻考》,卷八十一《国朝苑囿》,北京古籍出版社,1981年,第1363页。

而不染、濯清涟而不妖"，不仅表达了花之君子——莲花的高洁品格，也是人人自省、自勉的佳句。儒家人物所追求的最高境界是"外修身、内自省"，认为思过自省是提高自己智慧的根本方法，所以濂溪乐处也就成为圆明园内十分重要的地方。乾隆咏其曰："水轩俯澄泓，天光涵数顷。烂漫六月春，摇曳玻璃影。香风湖面来，炎夏方秋冷。时披濂溪书，乐处惟自省。君子斯我师，何须求玉井。"在诗中，乾隆表达了要以花之君子莲花为师，知过自省的情怀。

图5-10 濂溪乐处（中国圆明园学会主编：《圆明园四十图咏》，
《圆明园》，1983年第2期，第121页）

133

第六章

"天地一壶中"的蓬莱仙境

战国时期，燕、齐、吴、越等滨海地区海上交通渐开，使得人们对那浩瀚无垠的大海产生了兴趣。人们想象着身在凡间的自己有一天能够"乘云气，御飞龙，而游乎四海之外"，过着自由自在的神仙生活。这种对未知世界的好奇和对自由生活的向往，使得海上蓬莱神话的传说横空出世。随后这些关于海洋的传说又与昆仑山神话相结合，成为道家的神山和神州，是修道成仙之佳境。因此，圆明园内以蓬莱神话为主的景区主要分布在象征"东海"的福海周围，包括蓬岛瑶台、方壶胜境、廓然大公、澡身浴德、别有洞天、夹镜鸣琴、涵虚朗鉴、平湖秋月和接秀山房等（图6-1）。在文化意象上，这种蓬莱仙境又与道家的"壶中天"思想相结合，在很大程度上再现了道教中的洞天福地，表达了道家的哲学思想。

6.1 "蓬莱仙山"和"壶中天地"的神话

春秋战国时代，由于受到苍茫浩瀚的大海和变幻莫测的海市蜃楼的影响，人们幻想在那烟波浩渺的水面上，耸立着蓬莱仙山，那里有金玉筑成的亭台楼阁，住着来去无踪的各路神仙，藏着长生不老的灵丹妙药。汉代统治者与神仙方士结合，在思想文化上推行黄老学说，这不仅使蓬莱神话在社会上普遍流传，而且也促使蓬莱神话逐渐与道家思想融合，成为道教思想文化的源流。道家的三神山之说，又名为三壶。东晋王嘉《拾遗记》卷一载："朔乃作《宝瓮铭》曰'宝云生于露坛，祥风起于月馆，望三壶如盈尺，视八鸿如萦带。'三壶，则海中三山也。一曰方壶，则方丈也；二曰蓬壶，则蓬莱也；三曰瀛壶，则瀛洲也。形如壶器。"三神山又名为三壶，形如壶器。于是三神山的神话又与汉代流传的悬壶、壶公的传说相结合了。

悬壶、壶公的传说源于《后汉书·方术传》里的故事。《后汉书·方术列传·费长房传》曰："费长房者，汝南人，曾为市掾。市中有老翁卖药，悬一壶于肆头，及市罢，辄跳入壶中，市人莫之见，惟长房于楼上睹之，异焉。因往再拜，奉酒脯。翁知长房之意其神也，谓之曰：子明日可更来，长房旦日复诣翁，翁乃与俱入壶中。惟见玉堂严丽，旨酒甘肴盈衍其中……"这里讲的是费长房随一卖药老翁，跳入壶中游览仙境的故事。悬壶传说给我们展示的是一个虚幻的神仙世界，人与仙在悬壶的内外交往，人界与仙界可交通。或许是由于这个原因，悬壶行医卖药就成为我国自古就有的风俗，直至如今，在我国一些乡镇的小药铺门口，常见悬挂一葫芦，或挂有"悬壶济世"的招牌。

道家也常以壶天、壶中天地、壶中日月比喻仙界。道家的这种"壶中仙境"体现了从自己身边的小空间去体会大宇宙的观念。这种哲学境界，被白居易用一道一佛两个说法予以概括："壶中天地"和"芥子纳须弥"。前者源于《后汉书》中关于费长房的故事。后者出于王维的《维摩经·不思议品》。圆明园的园林设计，犹老翁之壶，如佛经中的芥子，小而含大，小而意味无穷。这种道家的"壶中天地"还可以和古代诗歌意境相结合，把人带到梦幻般的壶中天地之中，让人回味无穷。如白居易的《酬吴七见寄》："君住安邑里，左右车徒喧。竹药闭深院，琴樽开小轩。谁知市南里，转作壶中天。"王维的《赠焦道士诗》："坐知千里外，跳向一壶中。"李白的《下达归石门旧居》中的"壶中别有日月天"等等。可见在唐代诗人的笔下，壶中天是深入人心的。

6.2 蓬莱景区的文化意象

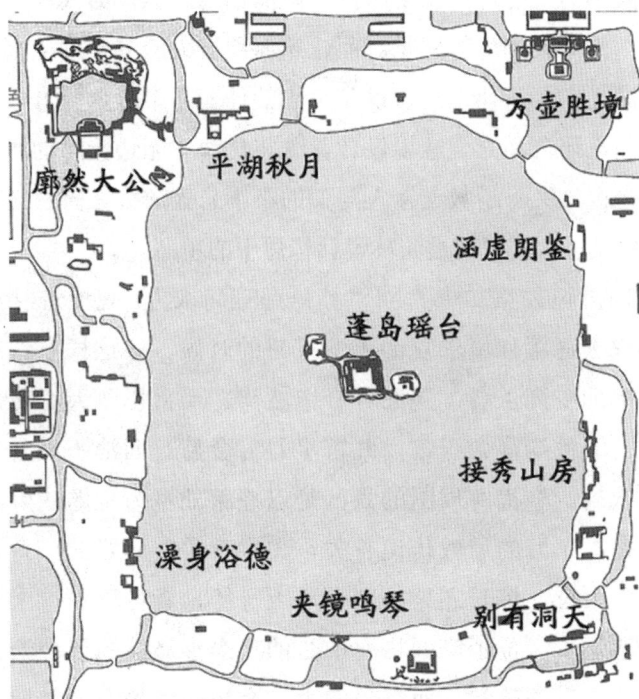

图6-1 圆明园的蓬莱景区图（《圆明园四十景图咏》，
中国建筑出版社，2007年，第1页）

　　圆明园内的蓬莱景区，包括以蓬岛瑶台景区为中心的方壶胜境景区和坐落在福海沿岸的各景区。从乾隆皇帝咏"蓬岛瑶台"景区的诗序中，我们可以看到蓬莱景区体现的是以蓬莱神话和道教"壶中天"相结合的文化意象。乾隆曰："真妄一如，小大一如，能知此是三壶方丈，便可半升铛内煮江山。"意思是说，真的与假的(神话仙境)相同，小的同大的一样奇妙，能知道感悟这方丈小岛就是那海上神山，便可用半升

139

的容器去煮整个江山了。此处的三壶，与《拾遗记》中方壶、瀛壶、蓬壶三座海上仙山相吻合。而圆明园福海景区中也包括了蓬岛瑶台、方壶胜境和望瀛洲等景点，可以说，这里是道教中三壶仙山的集中体现。

福海和福海东北的一个内湖相通，形状酷似一个葫芦（图6-1）。建筑面积较小的蓬岛瑶台位于水面广阔的福海之上，给人以"海客谈瀛洲，烟波浩渺楚天阔"的感觉。而建筑面积较大的方壶胜境则位于水面很小的内湖之上，又让人仿佛跳到小小的仙壶之中，体验方寸之地里的大世界。蓬岛瑶台和方壶胜境设计，既将传说中无边无际的海上仙山浓缩于园林之内，又将道教连接人与仙的小小悬壶放大在园林之中。小中见大，大中见小，真可谓是园林设计构思中的精品。

在《西游记》第二十六回"孙悟空三岛求方　观世音甘泉活树"中，孙悟空去蓬莱仙境求复活人参果树的时候，曾这样总结过蓬莱仙境："大地仙乡列圣曹，蓬莱分合镇波涛。瑶台影蘸天心冷，巨阙光浮海面高。五色烟霞含玉籁，九霄星月射金鳌。西池王母常来此，奉祝三仙几次桃。"福海周围的景区是以蓬莱仙境为主题，因此其文化意象多与蓬莱东海的道教传说有关，如供奉碧霞元君的广育宫、供奉吕祖的廓然大公、炼丹之处的别有洞天等等，真可以说得上是"大地仙乡列圣曹"了。位于广阔福海中心的三个小岛蓬岛瑶台给人以"瑶台影蘸天心冷"的感觉。而气势宏大、金碧辉煌的方壶胜境，又让人有"巨阙光浮海面高"的想象。夹镜鸣琴位于烟波浩渺的福海南面，此处有泉水从山崖上冲击石缝，形成动人的天然琴声，又仿佛是"五色烟霞含玉籁"。在福海西面荷花池中的金鳌玉蝀桥，又与象征天市垣的坐石临流，向织女乞巧的西峰秀色等景区南北相对，真可谓是"九霄星月射金鳌"了。总之，从某种意义上来说，福海周围的景区再现了传说中的蓬莱仙境。

6.3 方壶胜境：亦真亦幻的壶天仙境

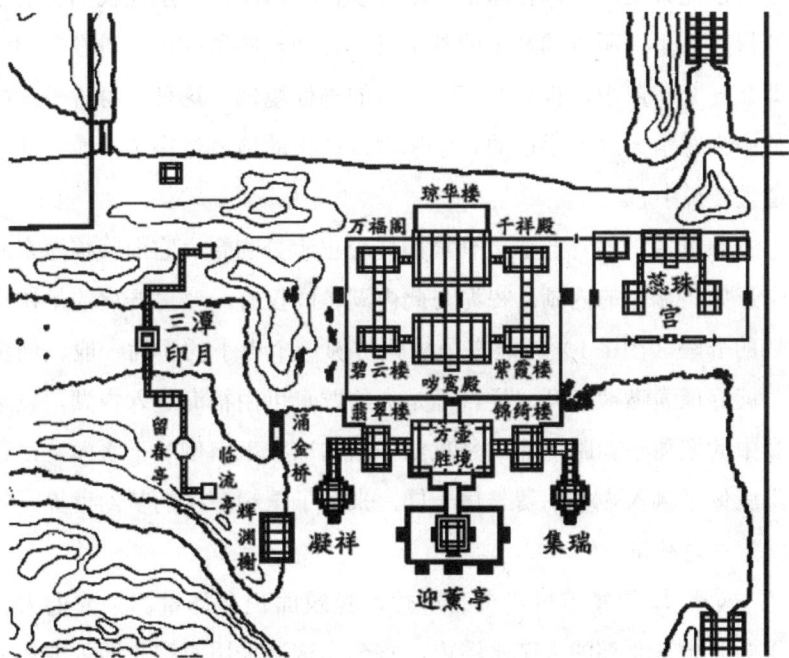

图6-2 方壶胜境（中国圆明园学会主编：《圆明园四十图咏》，
《圆明园》，1983年第2期，第133页）

　　方壶胜境（图6-2）位于福海东北的一个内湖之上，是一组以神仙境界为意境的大景区。从《四十景图·方壶胜境》上看，建筑群规模很大，也非常华丽。乾隆在《方壶胜境诗序》里说："海上三神山，舟到辄风引去，徒妄语耳。要知金银为宫阙，亦何异人寰。即境即仙，自在我室，何事远求，此方壶所为寓名也。"传说中的海上三神山"可望而不可即"。即使在船上望见了它，但是等船到了那里，神山就会消失在海里，而船就会被风吹走。乾隆皇帝认为这种传说只是"妄语"。对于乾隆皇帝来说，要想游览天上仙境，不必长途跋涉去求仙，只要在自己小小的家里就行了。

为什么在自己的家里就能畅游仙境呢？中国传统文化中的神仙福地，可以在天上，可以在海中，还可以在深山里，甚至在我们生活中的普通日用品里。所以佛经中的芥子可以容纳一座须弥山，道教中的悬壶里即在一个葫芦中，也会有繁华绚丽的神仙境地。这种从身边平凡的小物件中去感悟天地大宇宙的哲学思索，被生动地表达在了"壶天仙境"的道教传说中。

方壶胜境的设计与壶天仙境的传说也十分吻合。它面临福海东北的一个形如"壶"的内湖。福海与此内湖之间仅有一座可开启的吊桥作示意性的分隔（图6-1）。这座吊桥就仿佛一个小小的壶嘴一般。当桥开启，就好像壶嘴被打开一样，于是大的龙舟可由福海进入内湖，直达突出湖中的迎薰亭。眼前豁然是犹如仙山的琼楼玉宇倒映于水面上，让人感觉就像是跳入壶中的费长房一样，来到了玉阙琼楼的梦幻世界，感叹世间造物之神奇。

方壶胜境的建筑风格金碧辉煌，建筑面积和体量都十分宏大。它位于圆明园东北部的人工水湾内，整个建筑群采用对称布局，主体为一组以汉白玉为基座的金碧辉煌的宫殿群，呈倒"山"字形伸入湖中。这组建筑群的前部环绕建造了汉白玉台基和围栏，分建三座大型亭子——迎薰亭和其左右的凝祥亭和集瑞亭。方壶胜境殿北为哕鸾殿和琼华楼。殿东为蕊珠宫，西北为三潭印月[①]（图6-2）。中后部的九座楼阁中供奉着几十座佛塔和上千余尊佛像。这种大规模的亭台楼阁却建立在面积很小的内湖之上，使得建筑群更加突出，给人以一种身在虚幻世界中的感

---

① （清）于敏中等编纂：《日下旧闻考》,卷八十二《国朝苑囿》，北京古籍出版社，1981年，第1368页。

觉。尤其是当人们从烟波浩渺的福海经狭小的宛若"壶嘴"一样的入口处进入时，就仿佛跳入到壶公的葫芦里一样，来到了非人间所有的琼楼玉阙。方壶胜境西部还有一小园——三潭印月，是仿杭州西湖三潭印月形制，在池中设了三个石塔。"三潭印月"是由佛语而来，佛教语："宗门有三印，谓印空、印水、印泥。"所以方壶胜境是一处以道教文化为主，又与佛教文化相结合的景观。乾隆曾题诗"方壶胜境"："飞观图云镜水寒，拿空松柏与天参。高冈翔羽鸣应六，曲渚寒蟾印有三。工匠营心非美事，齐人扼腕只虚谈。争如茅土仙人宅，十二金堂比不惭。"可见这里是一处亦真亦幻的壶中仙境。

6.4 "一池三山"的"蓬岛瑶台"

蓬岛瑶台（图6-3）是福海中央的三个小岛，建于雍正三年（1725）前后，时称"蓬莱洲"，乾隆初年定名"蓬岛瑶台"。位于福海中央的蓬岛瑶台，正是圆明园中蓬莱神话景区的中心。蓬莱仙山的传说在战国时期就出现了。根据《史记》记载，战国时代齐威王、齐宣王和燕昭王均曾"使人入海求蓬莱、方丈、瀛洲。此三神山者，其在渤海中，去人不远"。《史记》亦记载方士徐福曾向秦始皇提及"海中有三神山，名曰蓬莱、方丈、瀛洲，仙人居之"。而在《列子·汤问篇》中，神山增添到五座,即岱舆、员峤、方壶、瀛洲、蓬莱。《十洲记》中又记载了五个仙岛，其中蓬丘，又称蓬莱山，位于东海。到了汉代，汉武帝信奉神仙方士之说，在建章宫太液池内建蓬莱、方丈、瀛洲三岛。从此，中国古代苑囿中开始了"一池三山"的造景手法。

位于福海中央的蓬岛瑶台象征东海神山，正是体现了这种"一池三山"的造景手法。那么这个"海上三神山"又在哪里呢？在《列子·汤问篇》中记载了有关海上仙山有趣的神话，说渤海之东有岱舆、员峤、方壶、瀛洲、蓬莱五座仙山。这五座山常随潮波上下，很不稳定。在仙圣们的请求之下，天帝命禺疆派出十五只巨鳌，让它们举首而载此五座仙山。从此以后五山不再移动。偏偏有龙伯国的大人出来，只几步便走到了五山跟前，一钓而连六鳌，把它们拿了回国。于是岱舆、员峤二山便因失去了承负者而流于北极、沉于大海。而仙山从此就只剩方壶、瀛洲和蓬莱三座了[①]。我们可以想象，乾隆皇帝在蓬岛瑶台的诗序中所说之"三壶"，也正是这三座海上仙山——方壶、瀛洲、蓬莱。

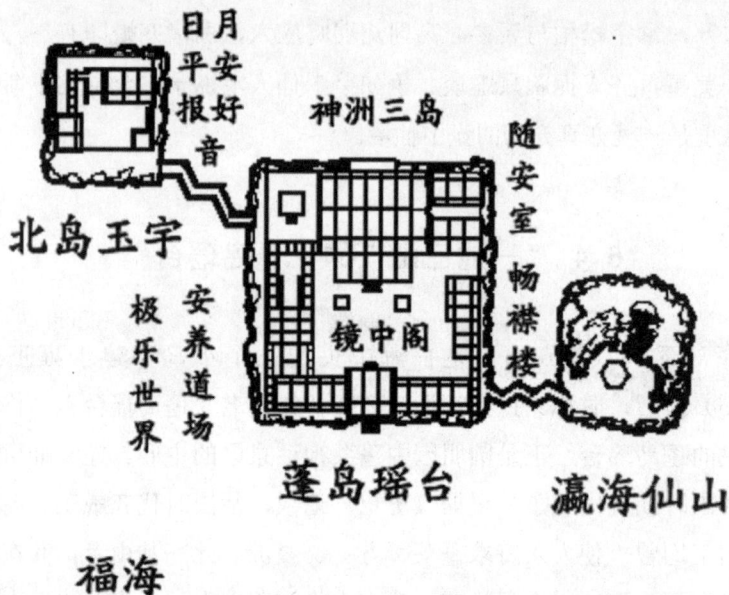

图6-3 蓬岛瑶台（中国圆明园学会主编：《圆明园四十图咏》，《圆明园》，1983年第2期，第139页）

正因为如此，蓬岛瑶台的主要景观为三个小岛。三岛中为一大两小，相距很近，以大岛蓬岛瑶台为主，南岛瀛海仙山在右，与大岛并列，北岛玉宇在左（图6-3）[②]。这种布置方式，从环湖四面来看，都是

---

① 程蔷：《〈博物志〉在古代神话学史上的地位》，《中国神话》（第一集），中国民间文艺出版社，1987年，第279页。

② （清）于敏中等编纂：《日下旧闻考》，卷八十二《国朝苑囿》，北京古籍出版社，1981年，第1371页。

以蓬岛瑶台为中心，构成不同的景观画面。小岛上的亭台楼阁，在福海一片碧波荡漾之间若隐若现，仿佛天上的仙境隐现在了人间。难怪乾隆皇帝在题诗中赞道："天上画图悬日月，水中楼阁浸琉璃。"

　　唐代著名山水画家李思训，根据古代关于海上神山的传说创作了《仙山楼阁图》。这幅著名的图画，就是圆明园四十景之一"蓬岛瑶台"造景的依据。乾隆在"蓬岛瑶台"的诗序中说："福海中作大小三岛，仿李思训画意，为仙山楼阁之状，岩岩亭亭，望之若金堂五所、玉楼十二也。"按《集仙录》："西王母所居宫阙在阆风之苑，有城千里。"又《十洲记》《拾遗记》《水经注》诸书均提及，昆仑天墉城有金台五所，玉楼十二。《汉书·郊祀志》亦言"玉城十二楼"。所以，"十二楼"是指仙人所居之处，又可以理解为昆仑山上的仙境。从此可以看出，圆明园内的昆仑神话和蓬莱神话的文化意象并非孤立分开的，而是相互融合的。

　　从《蓬岛瑶台》诗序"真妄一如，小大一如，能知此是三壶方丈，便可半升铛内煮江山"中，我们还可以看到，乾隆皇帝想象着用半升的容器来"煮"江山的意境，既表达了道家"壶中自有天地"的哲理，又展现了乾隆"一切江山尽在掌握之中"的帝王之气势。可以说，蓬岛瑶台在文化意象上既可以象征神话中广阔无垠的大海之中的三仙山，也可以想象成道家"壶中天"中小小悬壶中的仙境。领悟到"壶中天地"的哲理之后，乾隆帝开始笑话秦始皇海上求仙了："海外方蓬原宇内，祖龙鞭石竟奚为？""祖龙"指的是秦始皇。相传秦始皇遇到一个仙人，可以用一个神鞭驱石赶山。秦始皇为海上求仙，通过鞭打山石，让山石自己行走来建桥。乾隆认为秦始皇徒费力气到海外找寻蓬莱仙药，就是鞭石又有什么用呢？他还是没有找到海上的蓬莱仙境，因为他没有领悟到世外仙境就在自己身边的"壶中自有天地"的道理。

6.5 沧海月明的"平湖秋月"

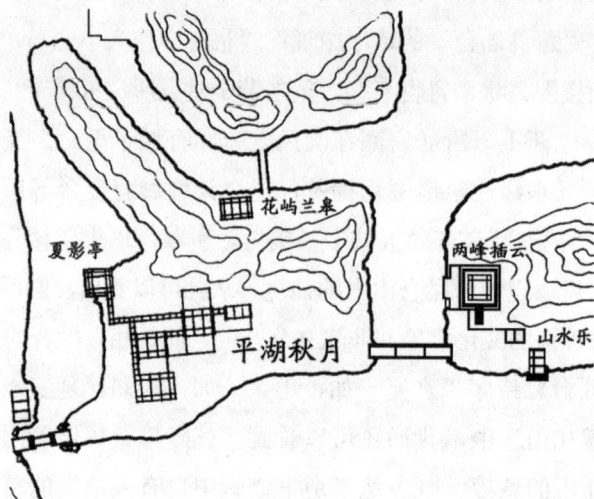

图6-4 平湖秋月（中国圆明园学会主编：《圆明园四十图咏》，
《圆明园》，1983年第2期，第145页）

　　平湖秋月（图6-4）位于福海西北岸。建自雍正年间，是一组以秋月为意境的景区。其核心建筑平湖秋月殿临水而建，背靠高山，前俯福海，是帝后登高赏月之处。平湖秋月殿西为流水音，东北出山口临河为花屿兰皋，折而东南度桥为两峰插云，又东南为山水乐[①]。乾隆皇帝在"平湖秋月"的诗序中描写："倚山面湖，竹树蒙密，左右支板桥，以通步屧。湖可数十顷，当秋深月皎，潋滟波光，接天无际。苏公堤畔，差足方兹胜概。"可见平湖秋月青山揽翠，湖光万顷。尤其是秋夜之

---

①（清）于敏中等编纂：《日下旧闻考》,卷八十二《国朝苑囿》，北京古籍出版社，1981年，第1370页。

146

时，皓月当空，湖天一色，水月相溶。

平湖秋月和两峰插云的名称均来自杭州西湖的景观。因此这里可以看做是仿西湖平湖秋月而建。乾隆皇帝题诗"平湖秋月"："不辨天光与水光，结璘池馆庆霄凉。蓼烟荷露正苍茫，白傅苏公风雅客。一杯相劝舞霓裳，此时谁不道钱塘。"其中，"结璘"意为奔月之仙。所以"结璘池馆"指的是天上的月宫。"庆霄"意为庆云（五色云），又可谓庆云焕彩的天宇。所以此诗的前半部分可以理解为：秋夜寒，登楼望月光。湖面烟雾苍茫，天上月光映在云彩上一片清凉，分不清是天光还是水光。诗的后半部分中的"霓裳"，典出唐玄宗在皇宫与道士罗公远欣赏月景的故事。相传罗公远取出一枝桂向空中抛去变成桥，与唐玄宗一起过桥到达天上月亮中的广寒宫。见仙女们伴着清雅的仙乐翩翩起舞。此曲就是霓裳羽衣曲。因此，"舞霓裳"便有赏月之意。诗中的钱塘是杭州的古地名。"白傅苏公"指的是白居易和苏东坡。他们不仅是著名的文人雅士，还都与西湖有着不解之缘。因此，与他们把酒赏月时，自然要提到著名良辰美景——杭州西湖的秋夜之月了。

福海边的平湖秋月虽然是仿杭州的平湖秋月而建，却与之并不完全相同。杭州的平湖秋月虽然也是背倚孤山，三面临水，主体建筑却有水轩建在水上。有些人认为，圆明园中的平湖秋月建在远离湖岸约10米的地方，不能更好地欣赏湖水月色，缺少西湖平湖秋月的"近水楼台先得月"的意境。这种说法只是把平湖秋月作为一个单独的景观来考虑，并没有把它当做圆明园整体景观的有机部分。福海象征传说中的东海，连接小九州与方外世界的大瀛海。因此福海周围的景观很多都烘托出福海的浩渺无边，如澡身浴德中的望瀛洲、福海中心的小岛蓬岛瑶台、供奉坐镇泰山御东海的碧霞元君的广育宫等等。如果平湖秋月处修水轩伸出水面，那么站在福海其他岸边观景，就只会感到福海不过是个湖，而不是"烟波浩渺楚天阔"的大海。从这一方面来说，圆明园中的平湖秋月并不是追求一种"近水楼台先得月"的良辰美景。它建在离湖岸较远处，又比湖面高出许多。当人在楼上观景时，福海就会显得格外地辽阔，仿佛传说中的东海一般，让人有一种"到岸请君回首望，蓬莱宫在海中央"的感觉。我国古代对东海还有个别称——沧海。因此在平湖秋月楼上观月，面对着象征东海的福海还有一种沧海月明的想象。总的来说，平湖秋月位于福海西北角，与位于东南角仿赤城山而建的别有洞天遥相辉映，形成了"沧海月"对"赤城霞"的美好意境。

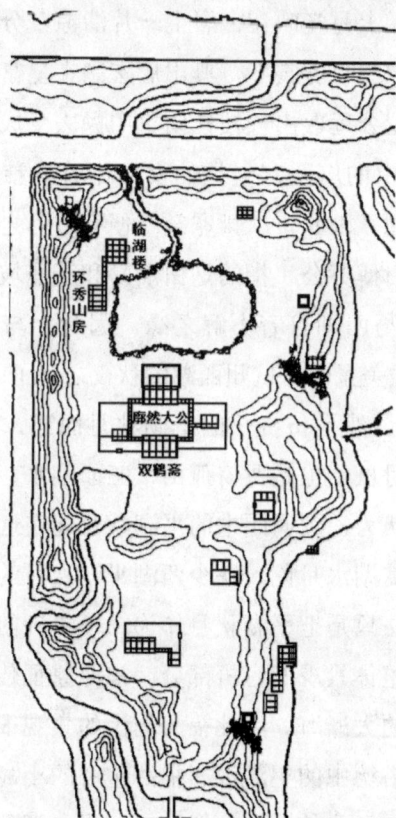

图6-5 廓然大公（中国圆明园学会主编：《圆明园四十图咏》，《圆明园》，1983年第2期，第149页）

6.6 廓然大公：亦道亦儒的神仙福地

廓然大公（图6-5）亦称"双鹤斋"，位于舍卫城东北面，福海西北岸。廓然大公是圆明园较早建成的一组景区。康熙末年，在圆明园还是皇四子赐园的时候就已经建成，雍正四年（1726）作较大增建，亦总称"双鹤斋"。乾隆四年（1739）定名"廓然大公"。

廓然大公在平湖秋月之西，前为双鹤斋，西为环秀山房，西北为临湖楼，东北为绮吟堂，又北为采芝径。经岩洞而西为峭菁居，西为披云径、启秀亭、韵石淙、芰荷深处，北垣门外为天真可佳楼，西垣外为影山楼①（图6-5）。双鹤斋是一座五开间卷棚抱厦大殿，这里一直是雍正皇帝在圆明园居住时的主要寝宫之一。雍正皇帝对道教十分感兴趣，还在圆明园的秀清村内开炉炼丹。位于福海边上的廓然大公自然也体现了道教的文化意象。廓然大公内有一四方亭，名曰"采芝径"，径亭内还供奉有吕祖。吕祖就是吕洞宾，为八仙之一，现在所说的八仙，是指铁拐李、汉钟离、张果老、何仙姑、蓝采和、吕洞宾、韩湘子、曹国舅八位神仙。八仙的故事在中国流传久远。其中最让人耳熟能详的就是八仙过海的故事。"八仙过海，各显神通"过的海就是东海。

八仙中吕洞宾的故事最多。相传吕洞宾为唐代著名道人，生于贞元十四年四月十四，号为纯阳子。相传他降生之时，异香满室，天乐浮空，有一只白鹤从天而降，飞入帐中就不见了，于是他母亲就产下他了。唐会昌年间，吕洞宾奉父母之命，前往长安赴试。后他因"一枕黄粱"而悟到人生不过是大梦一场，遂弃儒隐居，开始修道。相传吕洞宾

---

① （清）于敏中等编纂：《日下旧闻考》，卷八十二《国朝苑囿》，北京古籍出版社，1981年，第1374页。

在庐山一洞中修炼并羽化成仙，这就是庐山著名的"仙人洞"了。洞内有一对联　"称师亦称祖，是道仍是儒"，说的正是吕洞宾的风范。吕洞宾成仙后，到汉阳游历。当地有一家酒馆，吕洞宾去那里开怀大饮，却不付一文钱，酒馆主人也不向他索要。于是有一天，吕洞宾在墙壁上画了一只仙鹤。只要有人来此酒馆饮酒，仙鹤就会从墙壁上飞下来翩翩起舞，这家酒馆改名叫"黄鹤楼"。于是"黄鹤楼"酒馆宾客云集，酒馆主人发了大财。三年后，吕洞宾收回仙鹤，骑鹤乘空而去。这就是武汉黄鹤楼的传说。后来有人在此楼上题诗："昔人已乘黄鹤去，此地空余黄鹤楼。黄鹤一去不复返，白云千载空悠悠。晴川历历汉阳树，芳草萋萋鹦鹉洲。日暮乡关何处是？烟波江上使人愁。"

纵观吕洞宾成仙的故事，无论是仙鹤相伴，还是洞中成仙，都离不开鹤与洞。而廓然大公与众不同之处正是有鹤与洞。廓然大公亦称"双鹤斋"，在其南面有一个小广场，广场上建有鹤棚，鹤棚是仙鹤栖息之所。这里林木茂盛，东、西、北又都有山脉环抱，成片的松林、柳林为仙鹤和其他飞禽的栖息生存提供了条件。在一片青山翠柏之间，白鹤翩翩起舞，真乃人间仙境也！

廓然大公东西两面是石山。东山规模宏大，东南角的土山是福海西北部的最高点，可沿山石叠成的曲折山路登上山顶，通过叠石留下的豁口观赏福海全景。北山前半部临湖为石山，后半部高起的土山上树木茂盛，有如深山密林。北部堆有大量叠石，叠石中还有迂回的山洞，山洞上镶嵌有乾隆皇帝御书"延青洞"。廓然大公叠石规模宏大，气势磅礴，是圆明园内叠石最丰富的景区之一。

雍正皇帝喜好道术，自然知道修行除了要有好的外部条件外，还要加强自身的修炼。吕祖《百字碑》全文一百字，论述了道家气功修炼过程、方法和景象。其中有一句："真常须应物，应物要不迷。"根据民国魏尧注本的解释，此句的意思是："此道为'真常'之道，能养心养气，即得'真常'，而保其元神、元气矣。然一面仍须应物，能廓然大公，物来顺应，事事物物，顺其理而应之，即是'应物不迷'也。"也就是说，修道之人应该廓然大公，绝私欲，存天理，有浩然之气。

到了乾隆年间，由于乾隆皇帝不喜道术，他将此地定名"廓然大公"，一方面并未违背雍正皇帝对此景的文化定义，另一方面又赋予了它新的含义。对于乾隆来说，"廓然大公"取自程颢《论定性书》中"君子之学，莫若廓然而大公，物来而顺应"的儒家修身之道。乾隆曾咏"廓然大公"景区："有山不让土，故得高嶕嶕。有河不择流，故得宽瀰瀰。是之谓大公，而我以名此。偶值清晏闲，凭眺诚乐只。识得圣人心，闻诸程夫子。"乾隆认为，山高因其不让土，河宽因其不择流，这种山与河所表现出来的道德修养就是"大公"。"圣人"能与天地同体，无论什么事都能顺其自然而行之，他们所做的事情都是合乎天地之间的规律，都能顺应天地变化，这就是程夫子所说的"廓然大公，物来顺应"，也是儒家追求的最高修身境界。总之，廓然大公无论是出自儒家修身之道，还是用来解释道家的修真，都与采芝径里供奉的吕祖一样，是亦道亦儒的道德风范。

6.7 望瀛洲的"澡身浴德"

澡身浴德（图6-6）在福海西南隅，正殿为澄渊榭。澄渊榭北渡河桥为望瀛洲，其北为深柳读书堂、溪月松风[①]。总的来说，澡身浴德主要由三组建筑组成：北部的深柳读书堂，中部的望瀛洲，南部的澄渊榭。

深柳读书堂建造时间较早，在圆明园还是雍亲王赐园时就已建成。这里小山环绕，柳树成荫，每当夏日酷暑之时，分外凉爽。民间传说柳树是一种极阴之木，具有镇灵之效。虽然游魂会受柳树极阴属性的吸引，

[①]（清）于敏中等编纂：《日下旧闻考》,卷八十二《国朝苑囿》，北京古籍出版社，1981年，第1370页。

寄居在柳树附近，但是由于柳树具有镇灵的作用，又不会使人遭受灾祸。因此，柳树下清爽宜人，是避暑的好地方。雍正皇帝十分喜爱深柳读书堂，并在夏日来此地避暑。他曾写诗"深柳读书堂避暑"："三庚节届祝融临，闲对明窗阅古笺。树杪莺喉调妙曲，槛边蝶翅舞芳襟。嫩荷香远风频递，深柳阴重暑不侵。移榻帘前何所思，要赓解愠入虞琴。"[1]其中，"深柳阴重暑不侵"一句正表达了柳树属阴镇灵的民间传说。

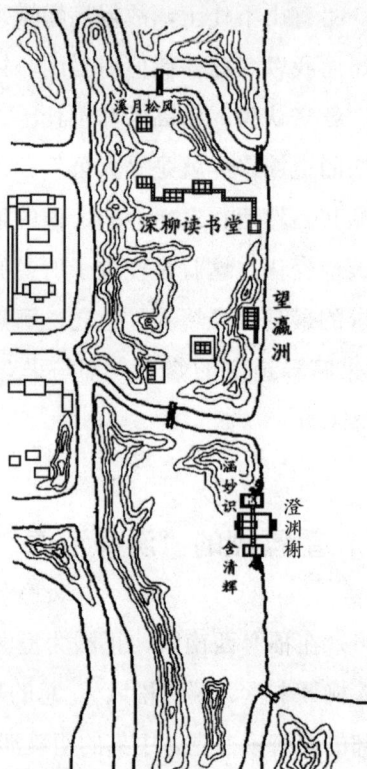

图6-6　澡身浴德（中国圆明园学会主编：《圆明园四十图咏》，《圆明园》，1983年第2期，第135页）

深柳读书堂南部临湖处有一个建在高台上的方亭——望瀛洲。望

---

① 收录于《钦定四库全书·世宗宪皇帝御制文集卷三十·诗·四宜堂集》。

瀛洲亭旁还竖立有昆仑石一座，碑面刻有"望瀛洲"诗。瀛洲是传说中的东海仙山。站在望瀛洲上远望，福海烟波浩渺，其中央的小岛蓬岛瑶台若隐若现，仿佛就在传说中的大瀛海边一样。望瀛洲亭与其旁的昆仑石互相辉映，展现出了昆仑与蓬莱神话相互融合、相互影响的文化含义。

望瀛洲的南部为澡身浴德的正殿——澄渊榭。"澄渊"可以理解为"清澈如镜的水面"，所以澄渊榭在雍正年间曾悬有匾额涵虚朗鉴，意为"平静清水，照见我心"。后此匾额移至东岸的涵虚朗鉴景区。澄渊榭正宇三楹，东向。南为含清辉，北为涵妙识。折而西向为静香馆，又西为解愠书屋，西南为旷然阁[1]。澄渊榭楼前还有石台阶深入水面，是游览时登船的码头。

总的来说，从望瀛洲、澄渊榭等景区的名字上看，澡身浴德是一组以福海的水面为主要意境的景观。乾隆皇帝咏其曰："苓香含石髓，秋水长天色。不竭亦不盈，是惟君子德。我来俯空明，镜已默相识。鱼跃与鸢飞，如入安乐国。"可见福海广阔，宛若大海，福海清澈，好似铜镜。大海不竭不盈，包容万象，是君子的品德。水面平静如镜，照见我心。总之，这里水鸟飞，锦鱼游，一片祥和安乐的景象。乾隆皇帝描写澡身浴德："平漪镜净，黛蓄膏停，竹屿芦汀，极望汎汎，浴凫飞鹭，游泳翔集。王司州云：非惟使人情开涤，亦觉日月清朗"（"澡身浴德"诗序）。 从乾隆的诗序中我们可以看出，福海广阔如海，清澈似镜，让人觉得神清气爽，就好像心灵被洗过一样，清新开朗。此地名为"澡身浴德"，表达的正是这种通过对福海之水的感悟来修身养德的意境。

---

[1] （清）于敏中等编纂：《日下旧闻考》,卷八十二《国朝苑囿》，北京古籍出版社，1981年，第1369页。

6.8 供奉碧霞元君的"夹镜鸣琴"

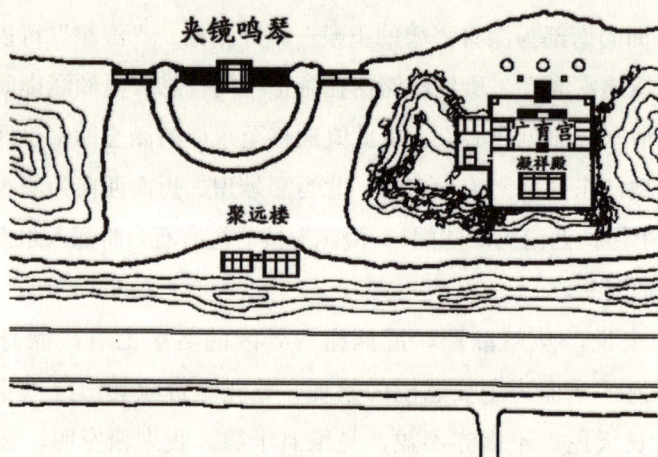

图6-7 夹镜鸣琴（中国圆明园学会主编：《圆明园四十图咏》，《圆明园》，第2期，1983年，第145页）

夹镜鸣琴（图6-7）位于福海南岸。雍正时期就已建成。它的主体建筑是一座横跨水上的重檐四坡攒尖顶桥亭，是依照李白诗句"两水夹明镜，双桥落彩虹"的意境建造的。桥亭东侧的山上有泉水，从山崖上冲击石缝，形成悦耳动听的自然音乐。乾隆皇帝曾写词赞其曰："垂丝风里木兰船，琴心莫说当年。拍拍飞凫破渚烟。移情远，临渊无意渔人羡，不在弦，空明水与天。付与成连。""成连"是俞伯牙的师傅。伯牙向成连学琴，三年不成。虽然技艺不差，但情感不足。成连带伯牙至东海蓬莱山，以迎成连的师傅为由，划船而去。伯牙独自在山上抚琴，但闻海水崩澌之声，山林寂寞，群鸟悲号，终于明白成连是让大自然这个老师教他移情。于是伯牙终成一代名琴师（《乐府解题》）。乾隆皇帝用"成连"的典故来表现夹镜鸣琴处动人的天然琴声。而夹镜鸣琴位于象征东海的福海之滨，也与故事中伯牙学会移情的东海蓬莱山的典故相符。

夹镜鸣琴南为聚远楼，东为广育宫，前建坊座，后为凝祥殿[①]。广育宫是一座坐南朝北的庙殿，殿内供奉碧霞元君。碧霞元君为东岳大帝的女儿，民间称"娘娘"。碧霞元君又叫"泰山玉女"，俗呼"泰山老母"。按道家之说，男子得仙称为"真人"，女子成仙则称"元君"。泰山老母上通乾象，降灵下土。坤道成女，故名"天仙玉女"。又因神女身穿碧衣红裙，所以全称为"天仙玉女碧霞元君"。古代帝王既要在山顶祭天，又要在山下祭地。《玉女卷》云："父严而母慈，胞孕乳哺出于母，而其出之者母不自知也；天尊而地亲，五材百货产于地，而其产之者地不自明之，所谓神也。"所以原为"泰山玉女"的碧霞元君就成了慈善贤良、孕育万物的"泰山老母"了。传说中碧霞元君坐镇泰山御东海，守护中原炎黄子孙。这也许就是广育宫位于象征东海的福海南岸的原因吧！清帝在圆明园居住时，初一、十五皆至广育宫拈香拜佛，并有首领太监充当僧人上殿念经。四月十八日是碧霞元君诞辰，乾隆时期，除皇帝和后妃前来瞻拜之外，有时还在该庙附近的聚远楼和福海北岸的松风阁"过皇会"[②]。

6.9 炼丹之处"别有洞天"

别有洞天（图6-8）位于福海东南岸，雍正时期此景就已建成，初名"秀清村"，1739年（乾隆四年）定名"别有洞天"。别有洞天四周被高山围抱，选址在一个僻静的角落里。这里北依山，南临河，建筑则

[①] （清）于敏中等编纂：《日下旧闻考》，卷八十二《国朝苑囿》，北京古籍出版社，1981年，第1372页。

[②] 田冬梅著：《道教与圆明园》，《圆明园研究》，第五期，2005年。

分布在河的南北两侧。河北面为别有洞天，南面"西曰纳翠，西南曰水木清华之阁，稍北为时赏斋"[①]（图6-8）。别有洞天是借用晋人孙绰《游天台山赋》中"赤城霞起而建标"的意境而建，以示进了天台山仙境。"天台山者，盖山岳之神秀者也。涉海则有方丈、蓬莱，登陆则有四明、天台，皆玄圣之所游化，灵仙之所窟宅"[②]。浙江天台山紧邻我国东海，与传说中的方丈、蓬莱等仙岛遥遥相望。圆明园中的别有洞天象征天台山，位于象征东海的福海之滨，与福海中间的蓬岛瑶台遥相对应，十分符合浙江天台山的真实地理位置，表达了杜甫诗中"方丈浑连水，天台总映云"的意境，意为"蓬莱胜境与茫茫海水连成一片，天台山也总是掩映在云雾之中"。

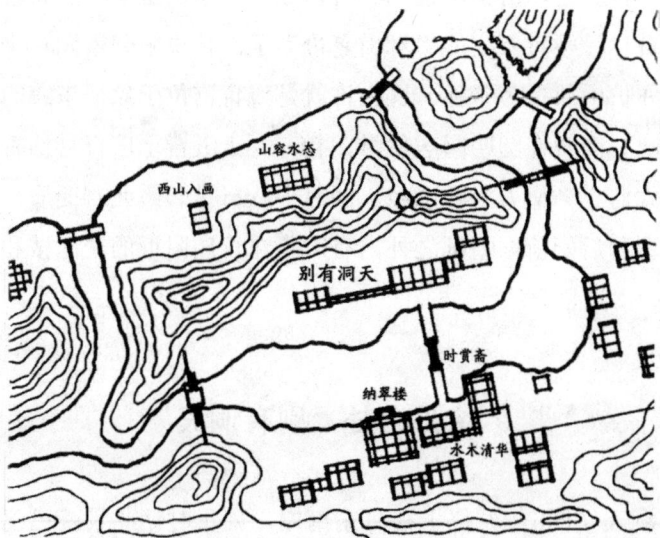

图6-8 别有洞天（中国圆明园学会主编：《圆明园四十图咏》，
《圆明园》，第2期，1983年，第143页）

---

① （清）于敏中等编纂：《日下旧闻考》，卷八十二《国朝苑囿》，北京古籍出版社，1981年，第1372页。

② （晋）孙绰：《游天台山赋》。

　　赤城山是浙江天台山的重要山峰，它秀丽孤立，叠石如城，所以名为赤城山。别有洞天仿赤城山而建，因此这里由小山包围，中有水池一曲，仿佛天然形成的城池。乾隆皇帝描写道："长薄疏林，映带庄墅，自有尘外致。正不必倾岑峻碉，阻绝恒蹊，罕得津逮也"（"别有洞天"诗序）。可见这里清幽僻静，已在凡尘之外。乾隆题诗："几席绝尘嚣，草木清且淑。即此凌霞标，何须三十六？"道教中的洞天福地就是人间大地上的仙境，它包括有三十六洞天和七十二福地。从乾隆皇帝的题诗中，我们可以看出此景赛过三十六洞天，这也许就是这里名为"别有洞天"的原因吧！

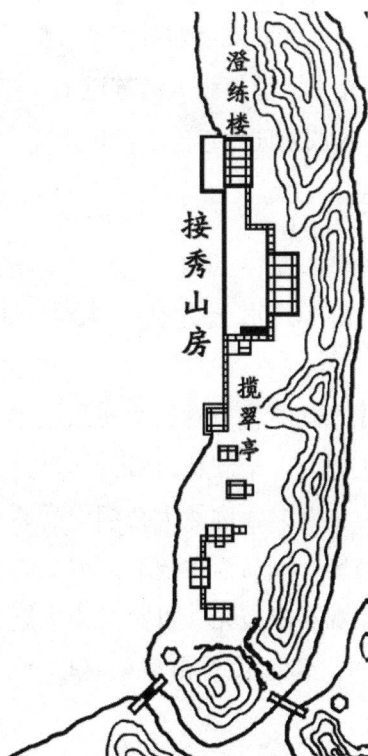

图6-9　接秀山房（中国圆明园学会主编：
《圆明园四十图咏》，《圆明园》，
1983年第2期，第141页）

　　赤城山上下洞穴颇多，而且佛道同山。山上的玉京洞是道教三十六洞天中的"第六洞天"。传说魏夫人、葛玄等在此炼丹，是著名的炼丹之地。因此，别有洞天还是秀清村时，就是道士在圆明园中的炼丹之处。雍正帝崇佛信道，他请道士张太虚、王定乾等到圆明园内炼丹，吞服丹药，以求长生不老。为皇子时，雍正就对炼丹有所研究。登基之后，为了炼制更多丹药，雍正选中了圆明园福海东南隅山水之间的秀清村，这里依山傍水、十分僻静，是个开炉炼丹的好地方。根据清宫内务府造办处的档案记载，自雍正八年至雍正十三年的五年间，在雍正的旨意下，成百吨的煤炭被运进圆明园，用于炼丹。而道士们也炼出了一炉又一炉的金丹大药。在长达几年的时间里，炉火不灭，炼丹不止。雍正帝刚死，新君乾隆帝下令驱逐张太虚等道士，并严谕他们不许透露宫中只言片字。乾隆帝对圆明园中道士的严厉态度，从侧面反映出可能同其父食丹药致死有关[①]。

6.10 赏云之处"接秀山房"

　　在圆明园以蓬莱仙境为主题的福海景区中，如果说澡身浴德观水（以福海水面为主题），平湖秋月赏月（以月为主题），夹镜鸣琴桥上听清音（以桥为主题），廓然大公洞中看叠石（以叠石为主题），蓬岛瑶台赏湖光岛影（以岛为主题），方壶胜境登琼台玉楼（以楼为主题），涵虚朗鉴观夕阳霞光（以夕阳为主题），别有洞天望赤城霞起（以山为主题），那么接秀山房就是以"云"为意境的赏云之处了。

　　接秀山房（图6-9）建于雍正时期，其后偏东为琴趣轩，琴趣轩

---

① 田冬梅著：《道教与圆明园》，《圆明园研究》，第五期，2005年。

北方楼为寻云，东南为澄练楼，楼后为怡然书屋，稍东佛堂为安隐幢，南为揽翠亭[①]。此处总体建筑特点是由中间的高楼沿湖伸出两道游廊，沿岸连接南北两面的建筑，仿佛张开双臂环抱福海。此处正殿为接秀山房，悬"云锦墅"额。站在"接秀山房"向西望，远眺西山峰峦叠翠，中观园内的亭台秀色，前俯福海一碧万顷，既有远山之游云，又有湖面上的轻纱薄云，还有郁郁葱葱的山林之云，是圆明园内赏云的绝佳妙处。因此，乾隆皇帝形容这里是："平冈萦回，碧沚停蓄，虚馆闲闲，境独夷旷。隔岸数峰逞秀，朝岚霏青，返照添紫，气象万千，真目不给赏情不周玩也。"并题诗曰："烟霞供润泡，朝暮看遥兴。户接西山秀，窗临北渚澄。琴书吾所好，松竹古之朋。仿佛云林衲，携筇共我登。"从乾隆的题诗中我们可以看出，接秀山房是与云为伴，朝有紫气东来，夕有烟霞漫天，是圆明园内赏云的绝佳妙处。

[①] (清) 于敏中等编纂:《日下旧闻考》,卷八十二《国朝苑囿》, 北京古籍出版社, 1981年, 第1371页。

第七章

"农心立人，耕读立行"的农业文化

　　中华民族是敬天法祖、耕读为业的民族，农业是古代中国的命脉。如果说位于西北乾地的寺院宗庙体现的是圆明园内的精神文化，那么田庐蔬圃景区就表达了清帝重视耕织的一种务实的作风，反映的是儒学的"民本"思想。这种重视耕读的景点，在圆明园内大概分为两组。其一是在园内"北龙"（从紫碧山房向东流出的小河）之畔，包括多稼如云、鱼跃鸢飞、北远山村等。其二位于小九州景区之北，北龙和中龙之间，包括澹泊宁静、映水兰香、水木明瑟和文渊阁。北方为玄武之地，在八卦上为坎，象征水。坎与兑都含有水，但兑象征泽（湖泊、池塘等水体），寓意有边界的水，因而又有汇集的含义。而坎则不同，坎象征无边无际的水，所以又有扩散的意思。因此，将表达耕读意境的景区分布在北方，既寓意无边无际的庄稼，又代表无边无际的精神食粮，是十分吉祥的。

7.1 多稼如云：皇帝的观稼所

　　紫碧山房象征昆仑山，从它的主峰下北侧流出一条小河，高低起伏蜿蜒东流去。多稼如云就位于这条"水龙"之畔。多稼如云是皇帝的观稼所，建于雍正年间。初名"观稼轩"，后乾隆以陆游的诗句"多稼如云获并空，牛阑樵担画图中"为意境，将此地易名为"多稼如云"。此景的北溪河之外为大片稻田，是专供皇帝"验农桑"的"弄田"。多稼如云意为农田的庄稼繁多而茂盛，好似天上的云彩无边无际。在古代汉语里，种曰稼，收曰穑。乾隆在《圆明园后记》里曾说："'田庐蔬圃'是为了'验农桑……量雨较晴'。"因此，多稼如云表达了清帝重视农业的务实作风。《书》曰："先知稼穑之艰，乃逸。"乾隆借用此义，构建了这组景观是为了提醒自己要勿忘稼穑之艰，时刻关心百姓的生活。乾隆题诗："稼穑艰难尚克知，黍高稻下入畴谐。弄田常有仓箱庆，四海如兹念在兹。"表达的就是儒家"以民为本"的政治思想。

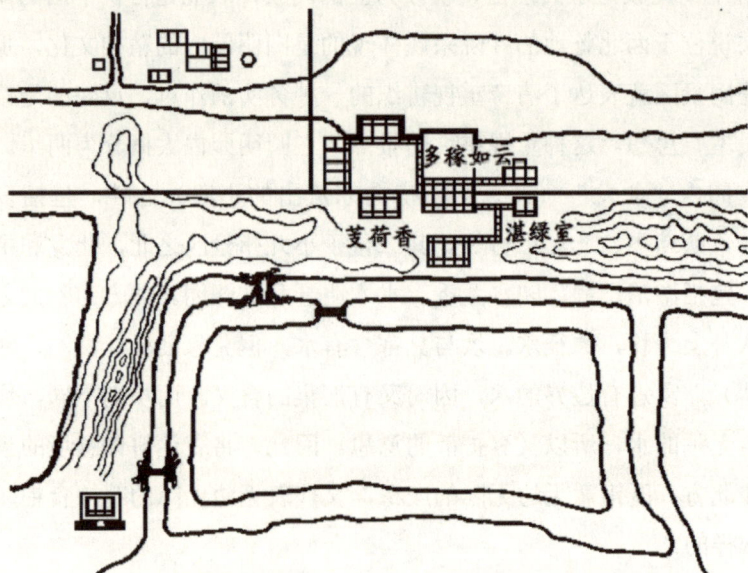

图7-1　多稼如云（中国圆明园学会主编：《圆明园四十图咏》，《圆明园》，1983年第2期，第123页）

多稼如云前为芰荷香，东南为湛绿室，东北为鱼跃鸢飞[①]。与北溪河外的稻田不同，这里则另有一番景色。芰荷香房前有大片池湾，是难得的赏荷佳处。乾隆中叶，每当大暑前后荷花盛开之际，弘历总要特意把他母亲孝圣皇太后从畅春园接来芰荷香观赏荷花，同时乾隆皇帝还多次特允王公、大学士、翰苑诸臣与他一起到这里赏荷。乾隆描写这里是："坡有桃，沼有莲，月地花天，虹梁云栋，巍若仙居矣。隔垣一方，鳞塍参差，野风习习，被蓑笠往来，又田家风味也。盖古有弄田，

[①]（清）于敏中等编纂：《日下旧闻考》,卷八十二《国朝苑囿》，北京古籍出版社，1981年，第1363页。

用知稼穑之候云。"嘉庆皇帝在刚刚登基时，曾被赐居在此，也留有
"十亩池塘万柄莲"的诗句。这里一面是多稼如云，稻香阵阵，一面是
风动荷花，轻尘薄雾，虽是小小的田园，却宛如仙境。面对如此美景，
不知皇帝们是否能"先知稼穑之艰"呢？

7.2 鱼跃鸢飞："万物静观皆自得"

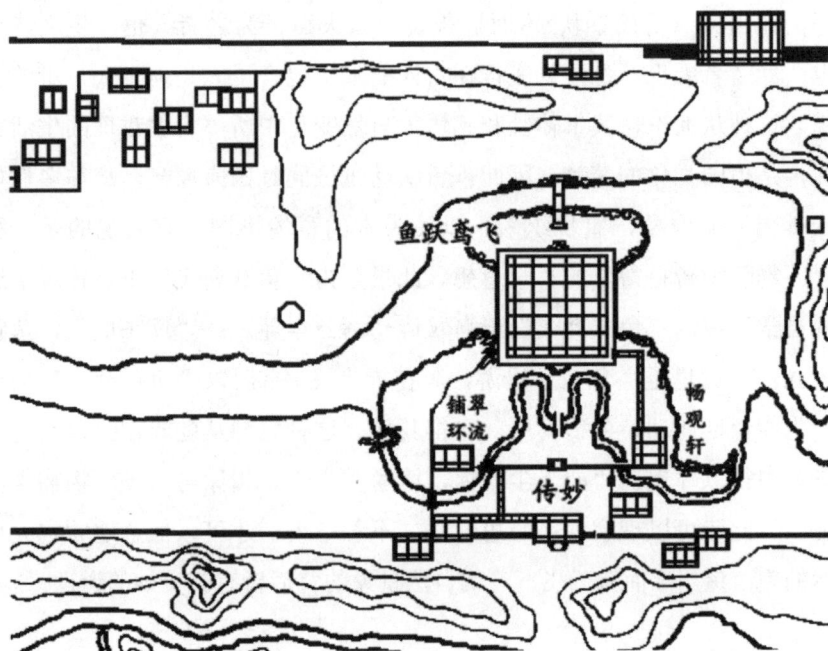

图7-2 鱼跃鸢飞（中国圆明园学会主编：《圆明园四十图咏》，《圆明园》，
1983年第2期，第125页）

从多稼如云顺着"水龙"向东，便是鱼跃鸢飞（图7-2）。鱼跃鸢
飞也是一处欣赏田园风光的绝佳场所。鱼跃鸢飞建于雍正时期，主体
建筑为宏大的二层楼阁，一层四面开门，南门外檐悬雍正御书"鱼跃

鸢飞"匾。鱼跃鸢飞东为畅观轩，西南为铺翠环流，楼南为传妙室[①]。这里前有环流，后有小桥通对岸。向北可望圆明园墙外民情，向西可望西山风景，向南或东望可欣赏到圆明园秀美的风光。乾隆在《鱼跃鸢飞诗序》中描写这里的田园风光道："榱桷翼翼，户牖四达，曲水周遭，俨如萦带。两岸村舍鳞次，晨烟暮霭，蓊郁平林。眼前物色，活泼泼地。"

古代的学者常常从农耕实践中提炼哲学思想。可以说，中国的农耕文化对形成古代天人合一的宇宙观和知行统一的知识论起到了十分积极的作用。《吕氏春秋•审时》曾说："夫稼，为之者人也，生之者地也，养之者天也。"可见庄稼在古人的眼中包含了天、地、人三者的贡献。这种从渔樵耕读中体验和感悟大自然变化中所蕴含的哲理的生活方式，是中国文化的精髓。因此，鱼跃鸢飞虽同是田园风光，却与多稼如云提倡"验农桑，重耕织"、以民为本的意境不同。它表现的是一种"万物静观皆自得"的哲学思想。此景名为"鱼跃鸢飞"正是体现了这种哲学意境。"鱼跃鸢飞"出自《诗•大雅•旱麓》："鸢飞戾天，鱼跃于渊。"意思是：鱼在水里游，鹰在天上飞。 后以"鱼跃鸢飞"谓世间生物任性而动，各得其所，自得其乐。这种思想从乾隆在《鱼跃鸢飞诗》中得以体现："心无尘常惺，境惬赏为美。川泳与云飞，物物含至理。"此诗可以理解为：心思纯净，不惹尘埃，才可以惬意地欣赏大自然的美；鱼川泳而鸟云飞，一切自然景象的背后皆有其奥妙的道理。

7.3 北远山村：王维的《辋川图》

北远山村（图7-3）位于鱼跃鸢飞之东，修建于乾隆九年（公元

---

① （清）于敏中等编纂：《日下旧闻考》，卷八十二《国朝苑囿》，北京古籍出版社，1981年，第1363页。

1744年），又称"课农轩"，是一处模仿渔村农舍的田野景观。这里稻田遍布，溪河两边农家村舍疏疏落落，牧笛渔歌与春杵应答，真是"几多嘉穗，高低稍类于垂天；无限芳田，远近有同于抱石"。北远山村北岸石垣西为兰野，后为绘雨精舍，西南为水村图，又西有楼，前后相属，前为皆春阁，后为稻凉楼，又西为涉趣楼，右为湛虚书屋[①]（图7-3）。这些名称很多都与农事有关，表现出了重农耕的文化含义。

水村图有一副乾隆题的对联："鱼跃鸢飞参物理，耕田凿井乐民和。"这副对联既融合了鱼跃鸢飞景中"物物含至理"的哲学意境，又表达了多稼如云中重农桑民本的儒家思想，是对多稼如云和鱼跃鸢飞二景的总结。可见北远山村在圆明园内田园风光的景色中有着十分重要的作用。

总的来说，仿农村景色的北远山村与王维的田园诗及其《辋川图》有密切关系。乾隆曾在"北远山村"的诗序中写道："循苑墙，度北关，村落鳞次，竹篱茅舍，巷陌交通，平畴远风，有牧笛渔歌与春杵应答。读王储田家诗，时遇此境。"圆明园内，以李白之"况阳春召我以烟景，大块假我以文章"的诗意命名的"天然图画"代表春天，而以杜甫之"不薄今人爱古人"的寓意来命名的"茹古涵今"代表秋天。以季节来表达诗人的诗歌风格，足见乾隆对圆明园营造之匠心。圆明园不仅是荟萃各种园林的"万园之园"，更是集古今诗人雅士于一堂的胜地。而王维田园诗的意境，就被表达在了北远山村之中。乾隆曾对此景题诗："矮屋几楹渔舍，疏篱一带农家。独速畦边秧马，更番岸上水车。牧童牛背村笛，农妇钗梁野花。辋川图早曾见，摩诘信不我遐。"在乾隆的心中，北远山村就是王维的《辋川图》。那真正的辋图川又是什么样呢？

[①]（清）于敏中等编纂：《日下旧闻考》，卷八十二《国朝苑囿》，北京古籍出版社，1981年，第1364页。

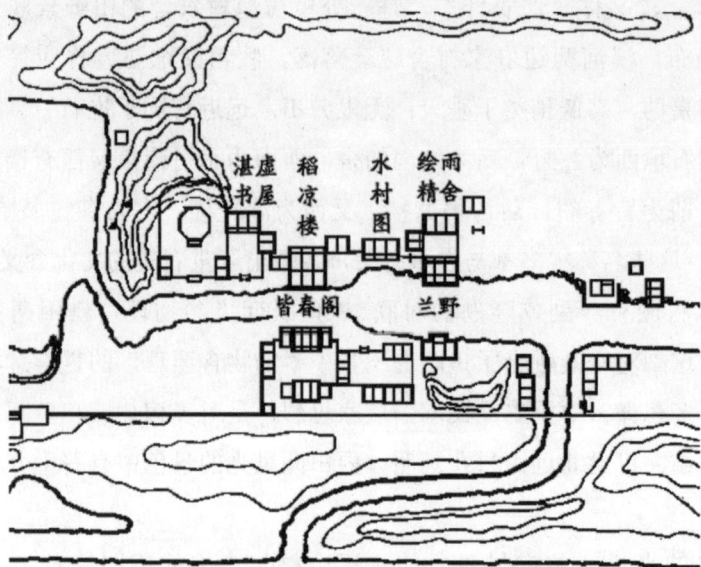

图7-3 北远山村（中国圆明园学会主编：《圆明园四十
图咏》，《圆明园》，1983年第2期，第127页）

  辋川是王维隐居的地方。世有"李白是天才，杜甫是地才，王维
是人才"之说。王维不仅是公认的诗佛，也是文人画的南山之宗，并且
精通音律，是少有的诗、书、画、音乐的全才。但是，对王维的诗歌，
自宋以后，就有人提出非议，朱熹批评王维诗"萎弱少骨气"。郑板桥
批评王维"可曾一句道着民间痛痒"。新中国成立后对王维的评价一直
偏低，更有人批评王维诗歌"和现实生活绝缘"。然而，自古以来就有
"文无第一，武无第二"的说法，王维的田园诗别具风格，禅味十足，
读起来让人回味无穷。从世俗的角度来说，李白想做大官而未得，杜甫
仅做小官而无奈，而王维官做得很大，直至尚书右丞，却是身在宫阙之
内，心在红尘之外。他少年有过积极的政治抱负，有过"孰知不向边庭
苦，纵死犹闻侠骨香"的豪气。但他早年在仕途上却并不算得意。后值
安史之乱，玄宗入蜀，王维为叛军所获。虽"服药佯为喑疾"，仍被送洛
阳，署以伪官，成为他一生的污点。王维虽因怀念唐室的《凝碧池》诗

为肃宗嘉许，并未受到严厉的惩罚，晚年却心灰意冷，半官半隐地居住在辋川。王维"晚年惟好静，万事不关心"，官却做得越来越大，最后官至尚书右丞。他才华横溢，却生逢乱世，宦海浮沉，无奈只能随波逐流。他"丧妻不娶，孤居三十年"（《新唐书》），虽身在俗世之中，却心境恬然有超尘脱俗之态。著名的《辋川集》二十首，描绘了辋川的田园风光，正是他这种超然境界的自然流露。无论是《临湖亭》处送别时的"湖上一回首，青山卷白云"，还是《鹿柴》的"空山不见人，但闻人语响。返景入深林，复照青苔上"，抑或《竹里馆》中的"独坐幽篁里，弹琴复长啸。深林人不知，明月来相照"，无一不是自然妙趣，宛若天成，诗中有画，画中有诗。这一幅幅动中有静、静中有动的田园风景，令人向往。而诗人在写景的同时，不仅向我们展现了"云飞水动，意出尘外"的诗情画意，也表达对自然、对生命和对时光的思索，体现了万法都在自心，人就应该执着于心境与物景的统一，达到"无相、无着、无住"的禅宗境界。

读着那优美的诗句，后代文人墨客们坐不住了，一批批慕名寻访辋川胜境，络绎不绝。乾隆皇帝也不能脱俗，于是取辋川意境的北远山村出现在了圆明园里。只是不知道身在帝王家的君主对辋川田园诗画背后的意境又能体会多少呢？自从圆明园毁后，此处已逐渐形成一个不小的村落，倒是成了真正的农村。

7.4 "田字房"澹泊宁静

澹泊宁静位于小九州景区的北方，又称"田字房"。雍正初年已建成。主体建筑是一个田字殿（图7-4），表达了对稻黍的重视。皇帝每年都要在这儿举行犁田仪式。

澹泊宁静是皇后在九州景区北部一处主要的休息寝宫。南面是平静的小湖，东面为一片松林，向西可欣赏映水兰香景区，向北则是一片稻田。因此，南门额曰"亦复佳"，西门额曰"得山水趣"，北廊后额为"麦语稻风"[①]。乾隆皇帝写诗赞曰："青山本来宁静体，绿水如斯澹泊容。境有会心皆可乐，武侯妙语时相逢。千秋之下对纶羽，溪烟岚雾方重重。"诗中的武侯是指诸葛亮。诸葛亮早年耕读于南阳，研究天下大势，交友访贤。潜心求学而不求闻达，后经刘备"三顾茅庐"，出山扶助蜀汉。

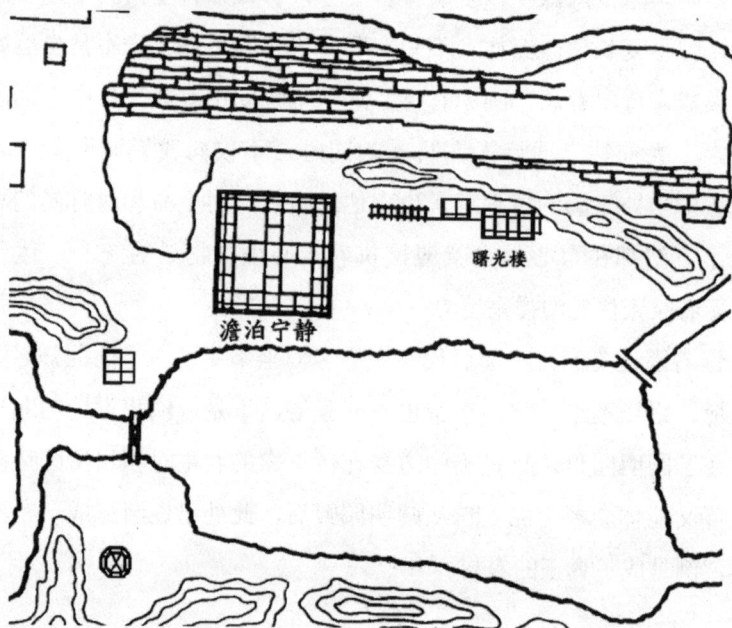

图7-4 澹泊宁静（中国圆明园学会主编：《圆明园四十图咏》，《圆明园》，1983年第2期，第115页）

诸葛亮为人处世的原则可以用"非澹泊无以明志，非宁静无以致远"来形容。"澹泊"二字来自《易经》："不烦不扰，澹泊不失。"

①（清）于敏中等编纂：《日下旧闻考》，卷八十一《国朝苑囿》，北京古籍出版社，1981年，第1358页。

意思是"清静寡欲，不追求功名利禄"。因此，"非澹泊无以明志，非宁静无以致远"可以理解为：只有不追求功名利禄，才能树立崇高的理想和志向，只有心境平静沉着，不为杂念所左右，才能高瞻远瞩，有所作为。总之，要"静以修身，俭以养德"，才能塑造高尚的道德情操。在诗中，乾隆皇帝用青山来代表宁静，绿水象征澹泊，体现了自然环境对人的道德修养的重要作用。山寂然不动，沉着宁静，心无杂念，水自由自在，不受世俗功名利禄的羁绊，所以青山绿水集中体现了"澹泊宁静"的精髓。

耕读文化是中国文化的优良传统，它使知识分子思想接近自然和人民，养成务实的作风。可以说，提倡"非澹泊无以明志，非宁静无以致远"的诸葛亮是从耕读文化中来"入世"济民的杰出代表。乾隆将"田字房"命名为"澹泊宁静"，表达的正是诸葛亮修身治国的原则和态度。

7.5 稻香胜兰香的"映水兰香"

澹泊宁静过河桥的西面是映水兰香。这里有美丽的花圃，内植名贵的奇花异草。映水兰香的东南是钓鱼矶，北边是印月池，又北是知耕织、濯鳞沼，西南是祭祀蚕神的贵织山堂①(图7-5)。农业是古代中国社会经济的基础，映水兰香正是以"重农桑"为意境的一组景观。

乾隆皇帝在"映水兰香"的诗序中写道："屋旁松竹交阴，翛然远俗。前有水田数棱，纵横绿荫之外。适凉风乍来，稻香徐引，八百鼻功德兹为第一。"八百鼻功德本是佛教用语，在这里的意思为嗅觉。虽然这里没有兰花，却被命名为"映水兰香"，意思是稻香胜过兰香，为天

① (清)于敏中等编纂：《日下旧闻考》,卷八十一《国朝苑囿》，北京古籍出版社，1981年，第1359页。

171

下第一的香气。映水兰香虽无兰花，却有胜似兰花的稻香，这是清帝通过亲临农业生产，"先知稼穑之艰"的结果。因此体现了"重农亲民"的治世思想。用嗅觉来展现文化意境，是映水兰香的一大特点。乾隆皇帝咏"映水兰香"："园居岂为事游观，早晚农功倚槛看。数顷黄云黍雨润，千畦绿水稻风寒。心田喜色良胜玉，鼻闻真香不数兰。日在豳风图画里，敢忘周颂命田官。"在诗中，乾隆皇帝表达了住在圆明园中并不只是为了游览，而且还要"验农桑，量雨较晴"，通过亲历耕种来关心农业生产，不敢有半点懈怠。

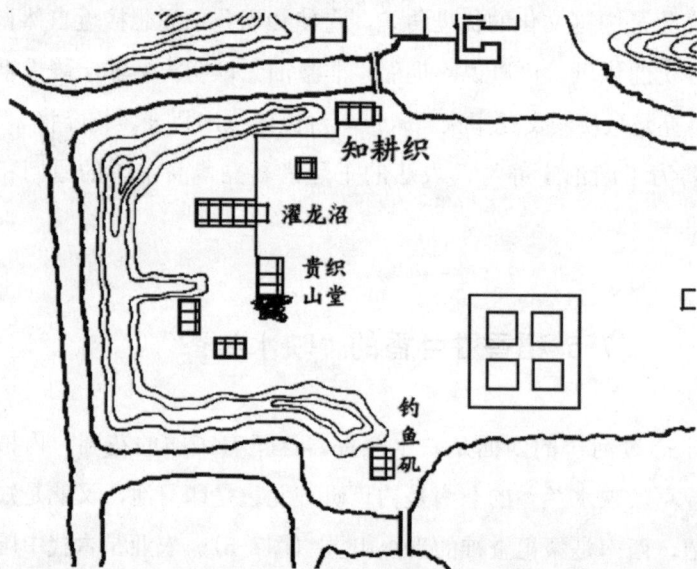

图7-5 映水兰香（中国圆明园学会主编：《圆明园四十图咏》，
《圆明园》，1983年第2期，第117页）

7.6 最早的西洋水法——水木明瑟

水木明瑟（图7-6）位于濂溪乐处东南，正好建在中部水道中段，雍正时期就已建成，初叫"耕织轩"。雍正登基之前，曾召集数名资深的宫廷画家花费数年时间绘制过《雍正耕织图》。画作一共46幅，描绘了劳动者辛勤耕作、织布的场景，体现了清朝皇家重视农业的政策。《雍正耕织图》现存于故宫。

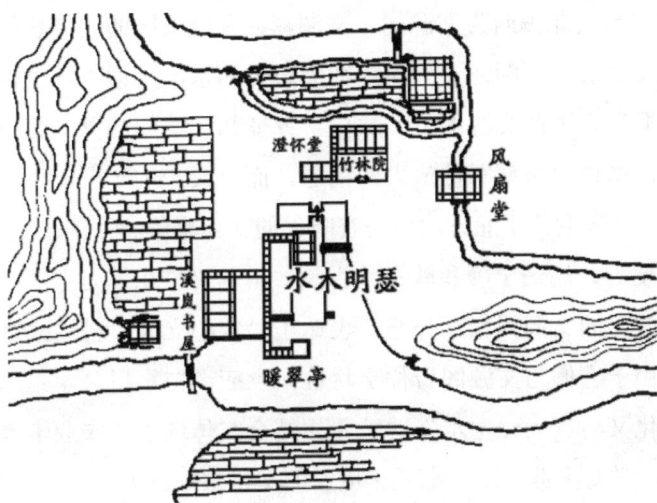

图7-6 水木明瑟（中国圆明园学会主编：《圆明园四十图咏》，
《圆明园》，1983年第2期，第119页）

水木明瑟在映水兰香东北，是仿扬州的水竹居，内设水力推动的风扇，是园中最早的观水法。该景建于雍正初期。当时西方的水法传入中国时称"泰西水法"， 雍正对"泰西水法"有条件地接受。水木明瑟的主体是用西洋水法引水入室，推动风扇供皇帝消暑的三间风扇房。"泰西水法"与中国的传统曲水流觞不同。曲水流觞是用自然力让水自上而下在自然的石岸曲弯中蜿蜒流动。这种方法体现了中国传统文化中与自然成为一体、天人合一的哲理。而在18世纪西方刚开始盛行的"泰西水法"，则逆自然而动，水自下而上，通过经加工后的石、铜、铁等人工造型器物的喷嘴而泄出。可以说，在园林的水法方面，西方用人力逆自然而动，东方则重视与自然顺势而动的和谐方法。

水木明瑟景色清爽洁净，水声瑟瑟，是帝后避暑的好地方。乾隆九年御制词序说："用泰西水法，引入室中，以转风扇。泠泠瑟瑟，非丝非竹，天籁遥闻，林光逾生净绿。郦道元云：竹柏之怀，与神心妙达；智仁之性，共山水效深。兹境有焉。"

水木明瑟之北偏西为文源阁。文源阁在九州景区的北方坎位，是清代藏《四库全书》七阁之一。坎象征无边界的水，所谓"吾生也有涯，而知也无涯"。因此文源阁位于坎位，象征知识浩如烟海。此外，还有一个原因，据说火是藏书楼最大的祸患，而"天一生水"，可以以水克火，所以，文源阁位于北方坎位还有防火的文化意象。

水木明瑟、澹泊宁静和映水兰香是一组以"耕织"为主题的景区。它们与其北面的文源阁相互补充，表达了"农心立人，耕读立行"的文化含义。由于它们与文源阁皆位于坎位，上应一白水星。于是这种"耕读"的文化又与"天一生水"的意象相结合，体现了"农业丰收，庄稼无边无际，学海无涯，求知毫无止境"的文化意象。

第八章

大洋彼岸的西方世界

圆明园作为"万园之园",还包括体现外国文化的园林景观,其中最著名的是西洋楼景区,位于福海的东北处,代表了大瀛海之外的"方外"世界。这些异域风格的景象与圆明园的自然山水和传统的中国园林相互融合,集中体现了大九州与小九州中"四海之内皆兄弟"的文化意象,使得圆明园的园林艺术达到了"古今文化交融,中西科学荟萃"的境界。值得一提的是,西洋楼景区作为方外世界只是圆明园中很小的一部分,它对圆明园的主体园林如九州九岛、宗祠寺庙、蓬莱仙岛等只起到了辅助的作用。如果我们把圆明园整体看成是一出舞台剧的话,圆明园四十景是舞台的主体部分,而西洋楼景区只是舞台的辅助性布景。也许是因为大劫之后的圆明园只留下了这里的石柱断壁,使得西洋楼在圆明园的地位在某种程度上被强化了,甚至在某些人眼里成为圆明园的主要建筑。本章正是通过讨论西洋楼的建筑文化意象,还原它本来的建构思想和在圆明园中的地位。

8.1 大九州和小九州的文化意象:"四海之内皆兄弟"

《尚书·禹贡》最早提出将中国划分九州的说法,此后的中国人基本上继承了这一说法。九州之外还有大九州,这种九州文化观念远在春秋战国时期就被阴阳家驺衍所提出。驺衍认为《禹贡》九州合起来只能算一州,叫"赤县神州";同样大小的州共有9个,但不过是裨海(裨海:小海;裨,偏、小的意思)环绕的小九州;这样的小九州共有9个,组成大九州;大九州四周为大瀛海(瀛海:大海;瀛本指水、海的意思)环绕。所以,"神州"只占天下八十一分之一。这就是当时驺衍心目中的世界构造。虽然大九州是中国古人关于宇宙世界构造的一种推测和想

177

象，却对后世中国人对外来文化的宽容态度起到了重要的作用。自古以来，我们中华民族在文化上对于不同的外来文化和宗教信仰的人，总是持一种比较宽容的、开放的态度，这和我们民族文化中对自然和宇宙的精神信仰是分不开的。从驺衍的大小九州的宇宙观来看，中国仅只是一个小九州，外国可以是另一个小九州，而世界是一个大九州。这种世界观使得我们中华民族对于不同文化、不同肤色、不同民族的人都像自己的亲弟兄一样，正所谓"四海之内皆兄弟也"。 所以小九州、大九州，就构成了中国人心中想象的一个文化缩影，也构成了中华民族的一个世界观，使中华文化宛若一条奔腾不息的大河，海纳百川，虽饱经苦难，却能置之死地而后生，经久不息，传承千载。

乾隆皇帝在圆明园的核心景区九州清晏的诗序中也曾写道："驺衍谓裨海周环为九州者九，大瀛海环其外，兹境信若造物施设耶！"可见圆明园的景区建造和规划，离不开驺衍提出的大九州与小九州的文化意象。因此，在小九州景区之外，还有一些国外风格的建筑和景区，主要的就是西洋楼景区。圆明园中央的福海象征东海，寓意"福如东海"，是园内的"瀛海"。从西洋楼景区的名字"方外观"和"远瀛观"来看，西洋楼建筑的文化意象与驺衍宇宙观中"大瀛海之外的方外世界"相符合。因此，我们可以说，位于福海东北、长春园北部的西洋楼景区，相对于福海西面以"九州清晏"为中心的小九州来说，就是大洋彼岸的西方世界了。

8.2 长春园的西洋楼：中国的凡尔赛宫

长春园里的欧式宫殿和园林称为"西洋楼"，亦称为"中国的凡尔赛宫"。西洋楼位于长春园的北部，也是圆明三园最东北角的一个景区。它的面积约100余亩，约占圆明三园总面积的2%。整个景区东西长约900米，宽约80米，西边最宽处约180米，是一组建在一个梯形的狭长地带上的欧式宫殿①。虽然西洋楼在建筑面积和体量上无法与西方的皇家园林相比，但是它是我国历史上一次较大规模地仿建西洋形式的建筑群和园林，因此在东西方园林交流史上占有很重要的地位，被称为"中国的凡尔赛宫"。

传统的中国建筑多是坐北朝南，院落设计多以南北轴为中轴线，而圆明园里的西洋楼却反其道而行之：整个景区呈东西向分布。除象征汪洋大海的福海将西洋楼与圆明园的主体——"圆明四十景"隔开之外，在西洋楼的南面还堆积了一座东西走向的土山，使得这片西式建筑成为远隔千山万水的方外世界。

西方的宫廷花园规模宏大，气势雄伟壮观。要想在占地仅为100多亩的地方建造既突出西方的建筑风格，又符合中国的传统道德和审美观的西式建筑群，并不是一件十分容易的事。因此，在对西洋楼进行设计和规划的时候，传教士蒋友仁(P. Michel Benoit)、郎世宁(Giuseppe Castiglione)等煞费苦心，着重强调了乾隆皇帝对西方园林和文化艺术中最感兴趣的几个方面：喷泉、绘画、迷宫，其中以喷泉最为著名。这一地区欧式园林的主题，其实就是人工喷泉。乾隆皇帝称之为"西洋水法处"。乾隆年间，葡萄牙使臣、英国使臣和荷兰使臣都"瞻仰"过这里喷泉群的壮观景象。当时一位供职清廷的西方传教士，在致友人函中曾有如下描述："清帝花园的欧式宫殿，均饰以美丽之喷泉，皆风趣殊佳，最大者与凡尔赛王宫及圣克劳教堂的喷泉，颇足并驾。"可见，虽然西洋楼在建筑的体量和规模上无法与占地约为110万平方米的凡尔赛宫相比，但这里的喷泉却已经可以与之媲美。

长春园的欧式建筑群展示出西方建筑中国化的神韵。如果把西洋楼景区看成是一出正在上演的戏剧的话，黄花阵和谐奇趣是序曲，方外观

---

① 孙建华著：《一代名园的兴衰》（纪念圆明园罹难125周年），四川民族出版社，1987年，第81页。

和海晏堂是情节的发展，远瀛观、大水法和观水法是高潮，线法山、方河、线法墙三个景区是尾声（图8-1）。其中，"黄花阵"是迷宫，方外观为清真寺，谐奇趣、远瀛观、大水法和观水法的主题皆为喷泉，线法山、方河、线法墙的文化精髓为西方的绘画艺术。

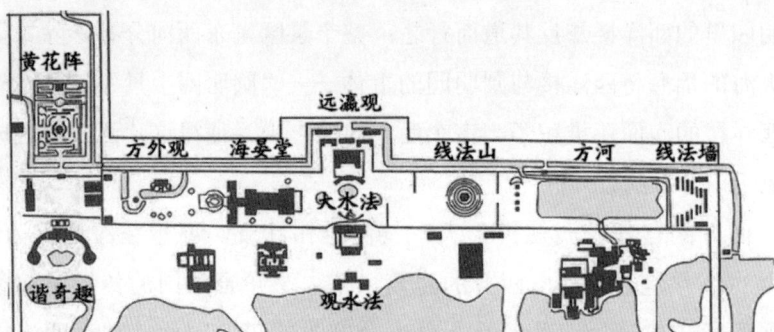

图8-1 西洋楼景区分布图（《圆明园四十景图咏》，中国建筑出版社，2007年，第1页）

西洋楼在规划上主要以欧洲传统的几何构图为主，但在设计中又不拘泥于西洋设计，局部采用了中国式的自然式布置。西洋楼依据欧洲模式构建，包括巨柱和玻璃窗在内的欧式材料都被广泛地使用。不过，东方的特色在这座西式建筑里并没有消失，还是可以看到浅红色的砖墙、鲜艳的琉璃瓦、中式的装饰品和装潢、太湖石及竹亭等①。可以说，西洋楼在洋为中用的具体实践过程中，适应并符合了中国的传统习俗和礼仪。西洋楼的建筑，采用了欧洲"巴洛克式"和"洛可可式"风格与中国传统风格相结合的建筑手法，是中西文化交流的典范。

---

① 金毓丰著：《圆明园西洋楼评析》，《圆明园》（第三集），中国建筑工业出版社，1984年版。

8.3 黄花阵和谐奇趣

8.3.1 迷宫黄花阵

西洋楼的最西边是黄花阵和谐奇趣。黄花阵位于整个西洋楼的西北部，谐奇趣的北部，是圆明园内的迷宫（图8-3）。西方古典园林中早已

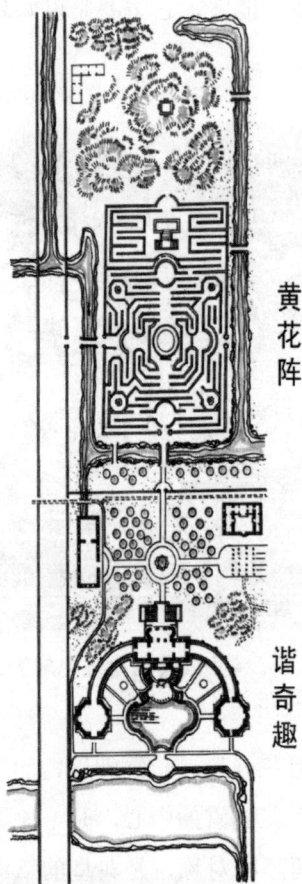

图8-2 黄花阵和谐奇趣（佟裕哲编著：《中国景园建筑图解》，
2001年第1版，第185页。）

有迷宫。古希腊传说英勇的王子在公主的帮助下闯入克里特岛的迷宫，并杀死人身牛首的野兽米诺牛。中世纪，迷宫的图案经常作为装饰出现在教堂的地面上。因而迷宫又带有一定的宗教色彩。走迷宫的过程同时也是一种心灵的体验。迷宫蜿蜒曲折宛若人生的道路，只有一条路指引人们走向天堂（迷宫的中心），从而得到心灵的救赎。在中国，迷宫让人联想到古代作战布阵的阵法，只有绝顶聪明的人才能看穿迷宫的玄机。西洋楼里的迷宫可以说是集中西迷宫文化于一体。在设计上，它是仿欧洲迷宫而建，而在功能上，它主要是以娱乐为主，是颇具趣味的娱乐性建筑。

图8-3 黄花阵（《中国景园建筑图解》，2001年07月第1
版，第185页）

黄花阵，又叫"万花阵"，仿欧洲迷宫而建。迷宫为长方形，南北长88米，东西宽58米 [1]。迷宫的中心，是一座圆顶双檐八角式的洋亭。迷宫以南北为轴，东西严格对称，是典型的欧洲迷宫的设计。它由几何

---

[1] 颜家珍著：《中国园林的瑰宝：圆明园》，中国教育出版社，2005年，第57页。

图案构成，看似简单，却因道路相似，极易迷失方向。通常欧洲花园迷宫中的夹道隔墙多是经过修剪的植物绿篱，而圆明园的迷宫是由曲折回转的砖砌隔墙组成，墙身上刻着"卍"形的花纹，所以把这里称作"万花阵"。隔墙约1.2米高，墙头上种有菊花，当菊花绽放时，犹如一个美丽的大花坛，所以又叫"黄花阵"。 每年中秋，皇帝命宫人用黄红彩绸结成火把的形状，一齐向中间走去，看谁先到。道路有活有死，似近实远，欲速而不达。一时间彩绸飞舞，裙带飘曳，人流蚁动，娇声细语，谁最先到达迷宫中心的凉亭，将得到皇帝的赏赐。从迷宫的设计上看，黄花阵为典型的西方几何对称性设计。从迷宫的名字上看，无论是黄花阵，还是万花阵，又颇具中国特色。

8.3.2 谐奇趣

谐奇趣位于黄花阵的南部，是西洋楼景区最先建起的一座建筑。它由一组华丽、壮观的西式洋楼和一组喷泉组成。谐奇趣的主体建筑坐北朝南，呈半弧形，好像一个人张开双臂，拥抱南面的喷水池（图8-2）。这座洋楼为三层，楼前有欧式的阶梯直通二楼。主楼建在汉白玉高台上，所以显得格外高大。其墙上窗口嵌有五彩花砖，顶上覆盖着紫色的琉璃瓦，四周为雕有罗马花纹的汉白玉石柱，是典型的欧式建筑（图8-4）。"谐奇趣"主体建筑南北两面都有喷水池。主楼南部是一巨大的海棠式喷水池。环池周围，有铜铸的十只大雁和四只羊，每个动物口中都喷出水柱，成曲线注入水池中心[1]。池中有一条翻尾的大石鱼似从水中跃起，从鱼嘴中喷出的水可直达半空。这条石鱼现今存在北京大学未名湖西侧近岸的水中。主楼北部为一设计工整的西式庭院，庭院中间是一个小型的菊花式喷水池。主楼的西北部是蓄水楼。蓄水楼是西洋楼景区的水塔，有蓄水的作用。

---

[1] 孙建华著：《一代名园的兴衰》，四川民族出版社，1987年，第83页。

图8-4　谐奇趣（本图来自 The delights of harmony: the European palaces of the Yuanmingyuan & the Jesuits at the 18th century court of Beijing 一书，见参考书目）

主楼东西两边伸出的弧形游廊与左右的八角亭衔接（图8-2）。八角亭是乐队演奏的地方，演奏的音乐包括蒙、回等各民族的乐曲以及西方音乐。当年，这里是供帝后们欣赏西方音乐，举行西餐宴会的地方。传教士蒋友仁还特意指导训练了一支西洋乐队，这大概就是我国历史上第一支交响乐队了吧！皇帝在这里一边欣赏细水如珠的喷泉，一边听着别具特色的乐曲，较之中国传统的檐牙斗拱、威严肃穆的宫殿，宛如身在异国他乡，别有一番新奇之感。乾隆皇帝游过之后，对此大加赞赏，以"天谐奇趣"之意，起名为"谐奇趣"①。　乾隆皇帝的御制诗洋洋大观，但是由于西洋楼景区并非王朝所重视，他所咏的诗词仅有几首，其中一首"观谐奇趣水法"："连延楼阁仿西洋，信是熙朝声教彰。激水引泉流荡漾，范铜伏地制精良。惊潮翻石千夫御，白雨跳珠万斛量。桥擅人工思远服，版图式廓巩金汤。"从这首

---

① 姚殿安著：《记圆明园西洋楼》，《北京史苑》第一辑，北京出版社，1983年版。

诗中，我们可以体会到乾隆皇帝对西式喷泉的情有独钟和他在面对西洋景物时的政治期望和抱负。

8.4　方外观

图8-5　方外观（本图来自 The delights of harmony: the European palaces of the Yuanmingyuan & the Jesuits at the 18th century court of Beijing 一书，见参考书目）

方外观（图8-5）位于谐奇趣东北。从名字上看，"方外"就标志着这个景区是在"赤县神州"之外的方外世界。它建于乾隆二十四年（1759），为一座清真寺，是容妃在圆明园居住时做礼拜的地方。容妃就是后世传说的"香妃"，她是新疆阿克苏人，为乾隆众多妃嫔中唯一的维吾尔族女子。容妃一家都反对分裂割据，她的五叔额色伊、哥哥图尔都、堂兄玛木特在乾隆平定新疆叛乱的战役中配合清军，对维护祖国统一、反对民族分裂上作出了贡献。容妃入宫后，乾隆对她十分宠爱，也很尊重她的宗教信仰。容妃信奉伊斯兰教，而方外观就是她做礼拜的清真寺。在方外观主体建筑贴面刻有阿拉伯文、维吾尔文组成的几何图案。室内有两块白色大理石的伊斯兰碑文。这两块碑文的译意分别是："奥斯曼爱真主，真主爱奥斯曼"和"阿里爱真主，真主爱阿里"[①]。伊斯兰教创始人穆罕默德的四位继承人为艾卜·伯克尔、欧麦尔、奥斯曼和阿里。其中奥斯曼和阿里为第三和第四位继承人。到底方外观内有四块还是两块石碑，答案无从知晓，因为它们已经遗失了。

方外观坐北朝南，但其内部礼拜殿则是坐西朝东。它的主体建筑是一座精致优雅的欧式小楼，但屋顶却是中国双檐庑殿式，覆盖着琉璃瓦（图8-5）。小楼为两层，上下各三间，两侧有半环形石阶通往二楼。方外观南面有一个不高的土山，土山下有五座小巧而精致的竹亭，即"五竹亭"。总的来说，方外观具有一定的中国民族特色，但它除屋顶外，建筑风格主要为"巴洛克式"和"洛可可式"。方外观作为一个欧式建筑，又融入了传统的中国建筑风格，同时又是一个清真寺，将西方文明、东方文明、阿拉伯文明进行了三者完美的结合。因此，方外观也就成为民族团结、文化融合的见证。

8.5 海晏堂

8.5.1 海晏堂的设计

海晏堂（图8-6）是西洋楼景区最大的一处园林景观。"海晏"寓意"河清海晏，国泰民安"。 乾隆之所以有兴趣建造这座西式的壮丽园林，最先可能是被耶稣会教士献上的西方绘画中之欧式喷水池所吸引。喷水池是古代西方的园林喜好，到了公元17世纪，在法国和意大利极受欢

---

① 刘阳著：《城市记忆·老图像：昔日夏宫圆明园》，学苑出版社，2005年，第141页。

迎。虽然圆明园本园在水木明瑟已经有几座喷水池，但喷泉之精华，则集中在长春园的西洋楼景区。其中以海晏堂的十二生肖喷水池最为著名。

图8-6　海晏堂 (本图来自 The delights of harmony: the European palaces of the Yuanmingyuan & the Jesuits at the 18th century court of Beijing 一书，见参考书目)

海晏堂坐东朝西，包括两部分：⑴ 主楼和主楼西面的十二生肖喷水池；⑵ 主楼后面的蓄水楼及其南北的喷泉。海晏堂的主楼气势恢宏。正门朝西，阶前为一大型水池，池中间有座圆形喷水塔，这里就是大名鼎鼎的十二生肖喷水池了！水池东有一巨大的贝壳形石雕番花。在这雕刻精美的石雕番花两边各有6个石座成八字形排开（图8-6）。石座上坐着代表我国十二生肖的12个高0.5米的人身兽头青铜雕像。南边一排从里向外依次是：鼠、虎、龙、马、猴、狗。北边一排从里向外排是：牛、兔、蛇、羊、鸡、猪。12个兽头是铜制的，做工极为精细，身躯是石雕的，中间凿空以便安装水管。这12个青铜雕像就是12个喷泉，每天按子鼠(23-1时)、丑牛（1-3时）、寅虎（3-5时）、卯兔（5-7时）、辰龙（7-9时）、巳蛇（9-11时）、午马（11-13时）、未羊（13-15时）、申猴（15-17时）、酉鸡（17-19时）、戌狗（19-21时）、亥猪（21-23

时）的次序喷水，每个兽喷一个时辰（2小时），周而复始组成一个连续不断的喷水时钟，俗称"水力钟"。午时12个兽头同时喷水，蔚为壮观。游人到达此地，只要看哪个兽在喷水，就可知道这时的时辰了。

8.5.2 十二生肖和中华宇宙观

海晏堂虽是西洋式的石建筑，却集中体现了中华传统的宇宙观，是中西合璧的建筑典范。人在宇宙间究竟占什么位置？人和宇宙、地理环境的关系如何？这始终是人们探索研究的一个大问题。不同的民族、不同的文化背景会形成不同的宇宙图式，并以此来建造、设计自己的生活环境。十二生肖喷水池表达的正是中华文化的时空观念。

中华文化的时空观念起源于立杆测影的定向方法。具体记载最早见于《周礼》中"测土深，正日景（影）"。用绳悬重物，使木杆垂直于水平地面，然后以杆为圆心作圆，日入与日出时杆投于地面的日影与圆周相交成两点，这两点连线就为正东西方向，然后参考正午时杆的投影，或者夜晚北极星的方向用以校正。这种方法，在《周髀算经》中也有记载。自古到今，辨方之法不断改进，从立杆见影到商周之时的土圭辨时，而后日渐精密，出现了圭表、日晷等仪器。这一系统的测向方法从古代一直沿用。这种辨认方向的方法与时间上的变化息息相关，对产生中华文化中时空结合的宇宙观起到了十分重要的作用。

中国传统文化中时空结合的宇宙观具体可以表现在对时间和空间的记录上。古人通过干支纪法表示时间。十天干是指甲、乙、丙、丁、戊、己、庚、辛、壬、癸。十二地支是指子、丑、寅、卯、辰、巳、午、未、申、酉、戌、亥。古人把它们按照一定的顺序而不重复地搭配起来，从甲子到癸亥共六十对，叫做六十甲子。 我国古人用这六十对干支来表示年、月、日、时的序号，周而复始，不断循环，这就是干支纪时法。天干和地支不仅可以用来表示时间，还可以表示方向。例如，子时，空间是北方，时间是子夜。又比如正午，空间上是南方，用马来代表，又指正午太阳当顶的这个时候。东方是卯，卯为卯兔，正东方向的兔代表的是早上6点钟这个时间。这种十二生肖的轮流旋转代表着时间和空间的结合，同时包含了天、地、人的含义。天是时间（春夏秋冬），地是方位（东西南北），人是人的秉性（仁义礼智）。这种时空结合的宇宙观是中国文化中一种独特的思维方式，并在海晏堂通过喷泉的艺术形式被完美地展现了出来。

西方的时空观念是时间和空间分裂开来的，譬如说今年2010年是从耶稣诞生到今天是2010年，它并不是代表着一个方向，也不代表着一个地方，时空分别处于不同的维度，时空的表达不能相互转换，是一种时空分离的思想观念，可以用互相独立的时空坐标来表示。而中国的宇宙观是"生、住、异、灭"循环轮回的一个宇宙观，时空可以相互转换，这种特有的时空结合宇宙观和循环往复的思维模式，是从"近取诸身，远取诸物"、"法天象地"的自然规律中归纳而来。圆明园海晏堂的喷水池不仅体现了这种中华文化特有的深邃内涵，而且还荟萃了西方园林喷水池的形式。这种将东西方文化相结合的艺术形式，可以说是世界独有的一绝。

8.6 远瀛观，大水法和观水法

假如我们将西洋楼景区比喻成一部舞台剧的话，谐奇趣和黄花阵是序曲，远瀛观和大水法就是高潮。从名字上看，远瀛观是位于大瀛海之外的大九州。远瀛观曾一度为容妃（香妃）寝宫。它由中间主楼和两旁钟式亭楼组成，平面呈倒凹字形（图8-7）。其主体建筑建在高台之上，是一座西洋钟楼式的大殿。中间部分为三层大殿，两边为双层亭式建筑，全部由优质汉白玉雕刻筑成。远瀛观的建筑风格为巴洛克式。其在建筑上最大的特点是门窗均镶装玻璃，共大小1206块，宽敞明亮。乾隆皇帝作诗咏之："石级参差列珠树，玻璃为牖佳境布。八窗洞开引清风，翠屏紫凤萦香雾。一室澄观备远瀛，圣念包罗九有宏。瞻临堂构切抚字，凛乎驭朽弥持盈"。诗中，乾隆皇帝再一次表达了自己的政治抱负。

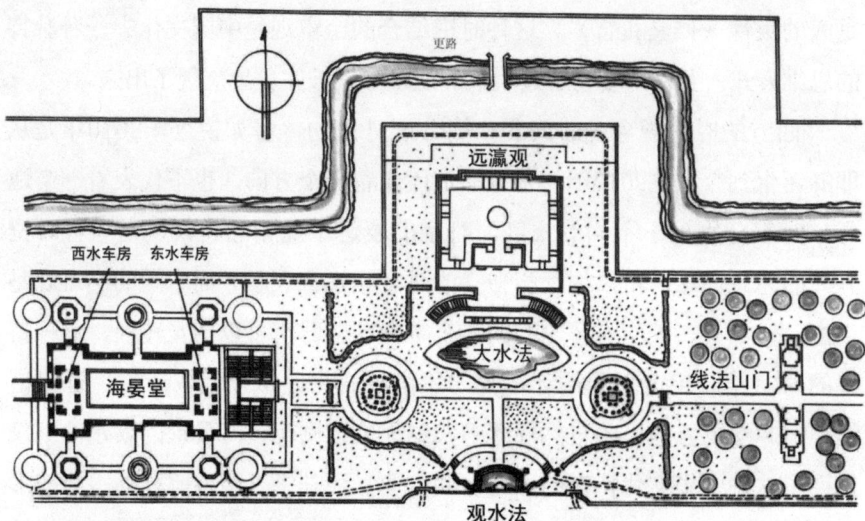

图8-7 远瀛观，大水法和观水法（《中国景园建筑图解》，2001
年第1版，第185页）

大水法景区位于西洋楼十字交叉的轴线附近（图8-7）。交叉轴线最能加强和突出中心的地位。因此这里是整个西洋楼景区的高潮。大水法的喷泉是西洋楼几组大喷泉中最为壮观的一组。远瀛观前的大水法喷泉群，由狮子头七级水盘、猎狗逐鹿喷泉和两个十三级大型喷水方塔组成。据说该喷泉群若全部开放，有如山洪暴发，在附近谈话须打手势[①]。大水法坐北朝南，其中间为雕刻精美的大理石牌坊，牌坊中心的一个巨型石龛上有一大型狮子头喷水，形成七层水帘，被称为"狮子头七级水盘"。水帘前下方为椭圆形菊花式喷水池，池中心有一只铜梅花鹿，从鹿角喷水八道。铜鹿东西两侧各有铜猎犬五只，均作逐鹿之状，水由犬口喷出，射向铜

---

① 张恩荫著：《圆明园盛期喷泉荟萃》，《北京文物报》，1991年第7期。

鹿。这就是著名的"猎狗逐鹿"。"逐鹿"也有逐鹿中原，一统天下的意思。因此当外国来宾在此"瞻仰"喷泉的壮观景象时，乾隆皇帝也从某种程度上向他们传达了"版图式廓巩金汤"和"圣念包罗九有宏"的思想。

图8-8 大水法 (本图来自 The delights of harmony: the European palaces of the Yuanmingyuan & the Jesuits at the 18th century court of Beijing 一书，见参考书目)

大水法的左右前方，各有一座巨大的喷水塔（图8-8）。喷水塔为十三层的方形塔，顶端喷出水柱，塔四周有八十八根铜管，也都一齐喷水。十三层高塔一齐喷水，宛若神仙境地里的水晶塔，蔚为壮观。大水法南边朝北建有专供皇帝观赏喷泉的观水法。观水法坐南朝北。古代皇帝皆坐北朝南，唯独这里例外。究其原因有二：第一，喷泉在北面，由南向北看，才能看到阳光照耀下水雾折射出的彩虹；第二，可避免阳光直射眼睛，便于欣赏喷泉[1]。

---

① 颜家珍著：《中国园林的瑰宝：圆明园》，中国教育出版社，2005年，第63页。

191

8.7 线法山、方河和线法墙

　　线法，是现在所称的"焦点透视法"，以这种方式绘制的图画则称为"线法画"。透视学始创于文艺复兴初期的意大利。郎世宁在雍正七年帮助淮关监督年希尧完成《视学》　书，是中国第一部关于西洋绘画透视法则的专著。雍正和乾隆都喜爱并擅长绘画，因此他们对与中国画法截然不同的"线法画"十分感兴趣。《清档》关于郎世宁所作线法画的较早记载见于雍正四年正月十五日，雍正指令郎世宁按"西洋"蓝本绘画，并提出具体修改意见，说明他是懂得西洋画的原理并且喜好西洋画。同雍正皇帝一样，乾隆皇帝也经常对西洋画进行指点。出于对"线法"的喜爱，乾隆在西洋楼营造了线法山、方河和线法画这一组以"线法"为文化意象的景区。

图8-9　线法山 (本图来自 The delights of harmony: the European palaces
of the Yuanmingyuan & the Jesuits at the 18th century court of Beijing
一书，见参考书目)

192

在大水法东面，突起一座人工堆成的圆形小山丘——线法山（图8-9）。山虽然不高，但由于布满螺旋状的山道，需要辗转回旋才能上到山顶，所以给人一种山高路远的感觉。山道两边有矮墙，因此从远处看，这座山就像一个巨大的田螺，故又叫"螺丝山"。线法山可骑马而上，因此又叫"转马台"。山顶有一座八角小亭，由小亭处东望，可以看到一个长200米、宽50米的水池——方河。河的东端是线法画（又称"线法墙"）。线法画由7排前后距离不同、但左右对称的砖墙组成，砖墙悬挂反映欧洲风景的油画。这些油画由于采用透视画法，立体感极强。这些巨幅油画倒映在方河之中，随着水波浮动，亦真亦幻，宛若真景。相传容妃远离故土，思念家乡，乾隆皇帝便请法国教士绘"阿克苏十景"挂在线法墙上[1]，以慰她思乡之苦。

从线法山开始，西洋楼景区的设计情调有很大的改变。前面的大水法景区设计得豪华紧凑、热闹非凡。到这里隔着167米长的水面，远望线法墙，透视深远，景色舒展，留下了引人遐想的余韵。虽然这里的设计以几何规划为主，却不拘泥于形式。从植物的配置来看，线法山上是自然形态的松树，线法山西门是低矮整齐的松柏（图8-9），线法山东门两侧水池后是自然形态的假山石和混植花木，线法墙周围种植了高大的楸树等等[2]。

8.8 结语

虽然西洋楼被称为"中国之凡尔赛宫"，但是它作为瀛海彼岸的一个方外世界，并不能代表圆明园的真正精髓。圆明园从雍正三年开始扩建，到乾隆年间的圆明四十景达到顶峰。因此本书对圆明园文化意象的解读是

① 姚殿安：《记圆明园西洋楼》，《北京史苑》第一辑，北京出版社，1983年版。
② 金毓丰：《圆明园西洋楼评析》，《圆明园》第三集，中国建筑工业出版社，1984年版。

以圆明四十景的象征含义为主要研究对象。总的来说，圆明园的建构是以自然山水为依托，《禹贡》九州和九宫八卦为中心，首尾贯穿昆仑、蓬莱两大神话体系，集中表现了东方特有的自然哲学和精神信仰。

圆明园自然山水的塑造是以祖国真实的地理格局"西北为高山，东南接大海"为蓝本，却又以艺术的手法融合了龙脉、瀛海、裨海等文化理念，有机地将祖国大地的真实地貌、哲学理念、神话仙境、诗人想象、中西乐章结合起来。圆明园的自然风景不是烘托人文建筑的背景，而是表现圆明园精神文化甚至整个中华文化的窗口。"山以水为血脉，以草木为毛发，以烟云为神采，故山得水而活，得草木而华，得烟云而秀媚。水以山为面，以亭榭为眉目，以渔钓为精神，故水得山而媚，得亭榭而明快，得渔钓而旷落"（《林泉高致·山水训》）。正是因为有了随时间季节变化的山水树木，圆明园的风景才有了灵气，使人们对她所要表达的自然哲学和精神信仰产生共鸣，达到人和环境在情感上的互动和交流。

圆明园的核心是以九州清晏为中心，包括周围十二景的小九州景区（图8-10）。从文化意象上看，这里表现出了古代关于天与地的精神信仰，并体现了中国传统文化中时空结合的宇宙观。具体来说，漂浮在前湖和后湖中的九个小岛象征禹贡九州，代表地。这九个小岛与前湖前面的三个景区合起来又象征九宫八卦，因此又有了天上的星宿和时间季节的含义，代表天。这种将天与地的象征含义同时赋予同一景观的设计，既体现了古人对斗转星移、沧海桑田、天地变化的思考，又表达了人们在历史长河中所积累的生活经验和对这片土地的情感。因此在具体的设计上，中国传统时空结合的哲学理念往往体现在将季节、文学诗歌创作、景区功能和景观设计融为一体的造园手法上，既具有实用性，又表达了一定的艺术情感。例如，镂月开云位于东南巽位，巽象征风，表达的是春风雕云裁月的意境。位于东方震位的天然图画，用的是李白浪漫的诗风来表达春天的意境。而在西方的茹古涵今，则用的是杜甫博大的诗歌风格来体现秋天收获时荟萃百家的哲理。

　　小九州景区之外的景区以昆仑、蓬莱等高山大海的古代神话贯穿始终。昆仑、蓬莱的古代神话将以九宫八卦为主要文化意象的小九州景区向外延伸，揭示了中国传统文化基因中对于山和海的精神信仰和情感追求，表达了深邃而丰富的内涵。圆明园西北最高处的紫碧山房象征昆仑山，从昆仑山发出三大龙脉——北龙、中龙和南龙，其中以中龙的文化意象最为丰富。

　　（1）中龙从西北紫碧山房向东南延伸到象征祖山的皇家宗祠"鸿慈永祜"，到天上太阳和月亮的宫殿日天琳宇和月地云居（二者皆为寺庙），到人间名山大川中的世外仙境武陵春色（图8-10）。从视觉上来说，这条龙脉的文化意象给人感觉是从天上诸神到人间仙境的一种"从天到地"的垂直变化。而紧靠着的汇芳书院和濂溪乐处是以水景为主的景区，又集中体现了儒家修身治世的思想。因此，中龙位于西北乾地，体现的是儒、道、佛三者交融的精神文化。

　　（2）北龙是从紫碧山房向东到多稼如云、鱼跃鸢飞、北远山村等景区。在北龙和中龙之间，小九州景区之北的是澹泊宁静、映水兰香、水木明瑟等景区（图8-10）。无论是北龙所到之处，还是小九州景区北面的玄武之地，其主要文化意象可概括为"农心立人，耕读立行"的耕读文化。

　　（3）南龙从紫碧山房往南，这里的景区较少，在南龙周围和南龙与中龙之间的景区主要有刘猛将军庙（传说中灭蝗保稼的英雄）、山高水长、十三所等（图8-10）。这些景区的文化意象都与"武"有关，表达的是山高水长的英雄气概。

　　总的来看，中龙象征的是儒、道、佛交融的精神信仰，北龙代表的是古代社会"以农为本"的物质基础，南龙象征整个社会的军事支柱。这三条龙脉以中龙的景区最为集中和丰富，北龙次之，而南龙最少。这也从侧面反映出在清代皇帝心目中文化、农业和军事的地位。

　　以蓬莱神话为主要文化意象的景区分布在福海周围。海洋以其神秘莫测成为古人驰骋想象的理想空间。因此，福海景区在设计上表达了古人对大千世界之无穷无尽的想象。如果说福海象征祖国的东海，位于福海中央的三个小岛蓬岛瑶台就是传说中的蓬莱仙岛；如果位于福海东北的小湖象征一个平常的壶，那么坐落在小湖中的方壶胜境就是道家的壶中仙境了。这种将大海浓缩于园林之内，将小壶放大在园林之中的设计真可谓是想象之新奇了。而福海周围景区如夹镜鸣琴、廓然大公、别有洞天等的文化意象也多与蓬莱东海等的道教传说有关（图8-10）。总的来说，昆仑、蓬莱的神仙境地是山和海的神话传说。山和海，一阳一阴，一静一动，它们作为昆仑、蓬莱神话的自然基础，和华夏大地西北背靠高山、东南接大海的真实地理环境特征相互结合，成为中国人温良但不失侠气、严谨并不缺想象、内敛又不乏激情的民族性格的精神文化源泉。

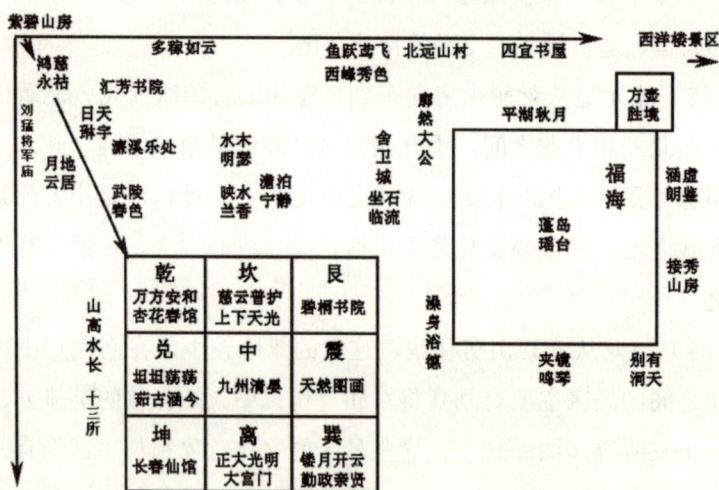

图8-10　圆明园四十景之间文化意象的联系

我国古代是以农业为基础的国家，我们的祖先早在几千年以前就已经通过对天上星象的观察来指导农业生产了。因此，天上的星象——三垣、四象、二十八宿是我国传统文化中重要的组成部分。圆明园作为中国传统园林的精髓，自然也反映了星象文化。雍正二年的风水报告告诉我们，天上的三垣都可以在圆明园找到它们的影子：位于中心的九州清晏象征着天上的紫微垣，是帝王居住的寝宫；位于九州清晏景区东南巽地的勤政亲贤象征太微垣，是君王处理政务的地方；位于九州清晏东北的坐石临流象征天市垣，是天上的街市。这里既有天上神仙佛祖居住的舍卫城，又有市井小民往来的皇家买卖街，是君王与民同乐的地方。位于小九州景区与福海之间的西峰秀色、坐石临流和曲院风荷，是一组过渡景区。它们在文化意象上与银河、天市垣、织女牛郎和南斗等星象相关，在设计上从水路连接象征赤县神州的九州九岛与代表大瀛海的福海，与传说中一头连着黄河、一头通向大海的天上银河一样，体现出了传统文化中的时空结合的宇宙观。

从以上对圆明园文化意象的解读，我们不难发现，在圆明园绚丽多姿的风景背后是九宫八卦、三垣、四象、二十八宿、昆仑和蓬莱神话等中国传统的哲学思想和精神信仰。而这些文化内涵又无一不表达出中国人用心去感悟世界的思维方式。因此，圆明园是中华文化艺术实体的结晶，是中华文化的一个象征。

圆明园作为"万园之园"，不仅有东方的山水园林，还有西方的庞大建筑。福海在文化意象上不仅代表东海，而且象征大小九州学说中的瀛海。而位于福海对岸的西洋楼景区也就是另一个"九州"了。这种"四海之内皆兄弟"的思想表达了中国文化中对外来文化的友好态度。然而，这种对方外世界的美好想象被残酷现实粉碎了。咸丰十年（1860年），英法联军侵入北京，纵火焚烧圆明园，使得这座"万园之园"变成了一片废墟。那些自以为代表"先进文明"的侵略者用他们所谓的"文明"行为摧毁了这座美丽的园林。而圆明园也在那个风雨飘摇的年代里，一步一步走向衰落，地面建筑几乎完全消失。

然而，圆明园文化不会消失。今天，在圆明园原址，已经恢复成一个自然山水的遗址公园。这与人们的"圆明园情结"是分不开的。所谓的"圆明园情结"是一种恋地情结（Topophilia）[1]，是指人对土地的一种情感依恋。也许每个人的心灵深处都会有一块魂牵梦萦的地方。这种情感往往是人们通过对环境的感知和想象，对于某些有着特殊文化气质的地方产生了息息相通的感情。如果说想象力是创造的来源，那么这种人与地的情感交流正是中国传统文化中"自然哲学"的灵感源泉。中国传统文化是儒、道、佛三者交融的文化。而大自然的包罗万象不仅是佛家佛性的显现，而且为儒家的道德观提供根据，为道家的哲学思想和美学观念提供灵感。因此，中国人的精神信仰与西方的宗教信仰有所不同。她虽然有一些宗教的特性，却并不是一种纯粹意义上的对某一高于自然世界的神的崇拜，而是在人与自然和宇宙进行情感交流的基础上产生的一种对天地和祖先的信仰。这种信仰对不同的宗教有一定的兼容性，因为相信"大道"相同。只要守住发自本心对"上善若水"的追求，无论是敬天法祖，还是敬上帝都是可以相容的。从这一方面来说，在传统上中国人也许会比较容易接受西方的宗教，却很难只信仰西方的宗教，而排斥其他的精神文化信仰。因而各种西方的宗教到中国来，都会或多或少有着"中国化"的味道。

圆明园虽然已经被焚毁，但是她的自然山水和遗址风貌仍然表现出丰富的文化内涵和自然哲学。如果说，盛时的圆明园是用园林山水和琼楼玉宇来表现古人对天地的一种精神信仰，那么如今的圆明园是用遗址风貌来讲述她那大喜大悲的历史，因而更能触动人们的心灵，激发人们对她辉煌和落寞时的想象，满足人们不同的精神需求。所以虽然圆明园的亭台楼阁已不存在，但是人们对她的情感却并没有因为她被烧毁而减少，反而更加强烈了。从对圆明园盛时文化意象的解读中，我们不难看出，中国园林"重意也重形"，她所追求的是一种人与环境之间的情

---

① Yi-Fu Tuan. 1990: Topophilia: A Study of Environmental Perception, Attitudes, and Values. Columbia University Press.

感互动。而自然风景是这种情感互动中最不可缺少的一部分。所以，我们甚至可以这样说，中国传统园林的第一要义就是"自然"。当圆明园初建时，康熙皇帝面对的就是一片明代废园的自然山水。圆明园从兴建到鼎盛经历了150周年，从火烧圆明园至今又是150周年，其兴衰正好是300周年。如果用西方的时空观念来看，圆明园已经被毁，并且一去不复返了。但是如果用东方的时空观念来看，她只是经历了一个"生、住、异、灭"的300年周期，如今又到了一个新的起点。因此，关于圆明园的中国文化意境可以用"花落春仍在"这句诗句来形容。"花落春仍在"——这不也正是我们对中国传统文化进行研究所追求的吗？而圆明园作为"东方梦幻"艺术的代表和最高典范，不仅是东方文明的精魂，也是我们的精神家园。

参考文献

（清）于敏中等编纂.日下旧闻考［M］.北京：北京古籍出版社，1981年.

王威.圆明园（北京史地丛书）［M］.北京：北京出版社，1980年.

中国圆明园学会主编.圆明园（1～5集）［C］.北京：中国建筑工业出版社，1981～1992年.

孙建华.一代名园的兴衰（纪念圆明园罹难125周年）［M］.成都：四川民族出版社，1987年.

中国第一历史档案馆编.圆明园：清代档案史料［M］.上海：上海古籍出版社，1991年.

张恩荫.圆明园变迁史探微［M］.北京：北京体育学院出版社，1993年版.

（清）吴鼒著.王梅芳、赵金声点校.阳宅撮要［M］.郑州：中州古籍出版社.

何重义、曾昭奋.圆明园园林艺术［M］.北京：科学出版社，1995年.

一丁、雨露、洪涌.中国古代风水与建筑选址［M］.石家庄：河北科学技术出版社，1996年.

张恩荫、杨来运编著.西方人眼中的圆明园［M］.北京：对外经济贸易大学出版社，2000年版.

何平立. 崇山理念与中国文化 [M]. 济南:齐鲁书社，2001年.

张宝成. 逝去的仙境：圆明园 [M]. 北京：蓝天出版社，2002年.

刘阳. 城市记忆•老图像：昔日夏宫圆明园 [M]. 北京：学苑出版社，2005年.

汪荣祖. 追寻失落的圆明园 [M]. 南京：江苏教育出版社，2005年.

于洪. 风水——圆明园的信仰口诀 [J]. 《中华遗产》，2006年5月.

郑慧生. 认星识历——古代天文历法初步 [M]. 开封：河南大学出版社，2006年.

颜家珍. 中国园林的瑰宝：圆明园 [M]. 北京：中国教育出版社，2005年.

侯仁之等. 名家眼中的圆明园 [M]. 北京：文化艺术出版社，2007年1月.

（清）唐岱、沈源著. 圆明园四十景图咏 [M]. 北京：中国建筑工业出版社，2007年.

Ellen Lawrence, Karen Turner, Re•gine Thiriez, & Karen Turner. 1994: The Delights of Harmony: the European Palaces of the Yuanmingyuan & the Jesuits at the 18th Century Court of Beijing. Worcester, MA : Iris and B. Gerald Cantor Art Gallery, College of the Holy Cross.

附录1：山东德平县知县张钟子等查看圆明园风水启

（雍正二年）新授山东济南府德平县知县张钟子、潼关卫廪膳生员张尚忠叩启。圆明园内外俱查清楚，外边来龙甚旺，内边山水按九州爻象，按九宫处处合法，敬细陈于后。

一、论外形

自西北亥龙入首，水归东南，乃辛壬会而聚辰之局，为北干正派，此形势之最胜者。

二、论山水

据《赤霆经》云："天下山脉发于昆仑，以西北为首，东南为尾，幽冀为左臂，川蜀为右臂，豫、兖，青、徐为腹，黄河为大肠，江淮为膀胱，此天下之大势。"园内山起于西北，高卑大小，曲折婉转，俱趣东南巽地；水自西南丁未流入，向北转东，复从亥壬入园，会诸水东注大海，又自大海折而向南，流出东南巽地，亦是西北为首，东南为尾，九州四海俱包罗于其内矣。

三、论爻象

正殿居中央，以建皇极八方拱向。正北立自鸣钟楼，楼高三丈，以应一白水星，西北乾地建佛楼，以应六白金星；东北艮方台榭楼阁系天市垣，以应八白土星，此三白之居北方也。正南九紫建立宫门，取向明出治之意。第一层大宫门系延年金星，玉石桥北二官门系六煞水星，大殿系贪狼吉星，以理事殿佐之，木火相生，此九紫之居正南也。西南坤位房虽多，不宜高，以应土星，东南巽地乃文章之府，建立高楼以应太微，此二黑四绿分列九紫之左右也。正东震方田畴稻畦，且东接大海，汪洋以润之，以应青阳发生之气，辛方树灯杆，巽纳辛以应天乙、太乙，庚方建平台，土来生金，此七赤三碧之所以得位也。

八卦以河图为体，取用则从洛书，戴九履一，左三右七，二四为肩，六八为足，皇极居中，八方朝拱，《洪范》九范，寅出乎此，此图内爻象俱按九宫布列，岂敢妄意增减。

四、论禄马贵人

禄马贵人原系形家小数，然按之亦无不合，水归东南巽地，山起西北乾方，乾纳甲巽，纳辛以辛，为马以甲，为禄以丁，癸为贵人，辛有灯杆，甲有大海，丁癸有来水，禄马贵人同步玉阶，上合天星，下包地轴，清宁位育，永固皇图。谨启。

此件原无朝年，据作者之署名，有"新授济南府德平县知县张钟子"字样，查光绪十九年重修《德平县志》卷五《官师》记该县历任知县中，任于雍正二年，同年卒于官，雍正三年即由他人继任。既云新授，其时当在雍正二年。

附录2： 圆明园全景图

（本图根据《圆明园四十景图咏》中的"圆明园四十景位置图"制作。（清）唐岱、沈源著：《圆明园四十景图咏》，中国建筑出版社，2007年，第1页。）

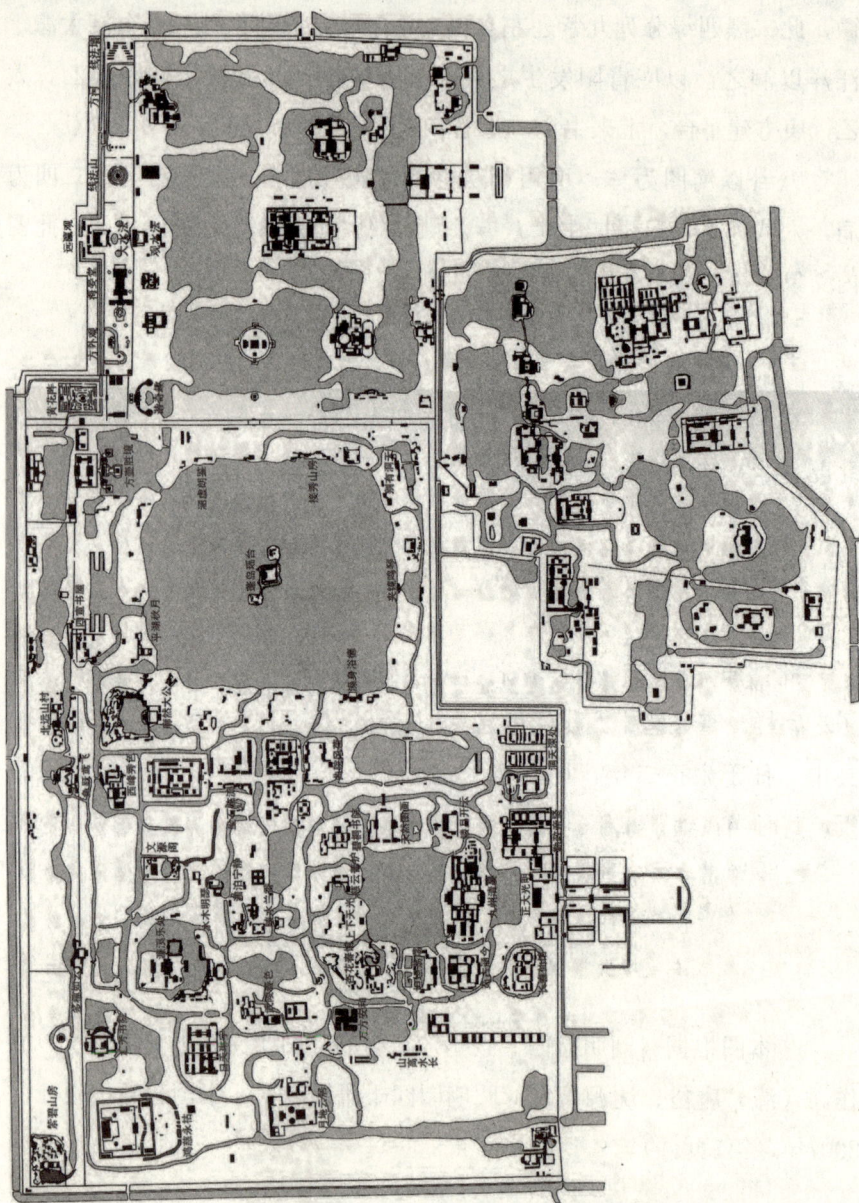

圆明园全景图

总　跋

　　《自然国学丛书》第一辑（9种）终于出版了。

　　《自然国学丛书》于2009年5月正式启动，当即受到众多专家学者的支持。在一年左右的时间内有近百名专家学者商报选题，邮来撰写提纲，并写出40多部书稿。经反复修改，从中挑选9部作为第一辑出版。

　　在此，我们深深地感谢专家学者的支持和厚爱，没有专家学者的支持，《自然国学丛书》将是"无源之水，无本之木"；深深地感谢"天地生人学术讲座"及其同仁，是讲座孕育了"自然国学"的概念及这套丛书；深深地感谢支持过我们的武衡、卢嘉锡、路甬祥、黄汲清、侯仁之、谭其骧、曾呈奎、陈述彭、马宗晋、贾兰坡、王绶琯、刘东生、丁国瑜、周明镇、吴汝康、胡仁宇、席泽宗等院士，季羡林、张岱年、蔡美彪、谢家泽、罗钰如、李学勤、胡厚宣、张磊、张震寰、辛冠洁、廖克、陈美东等资深教授，没有这些老专家、老学者的支持和鼓励，不会有"天地生人学术讲座"，更不会有"自然国学"的提出及其丛书；深深地感谢深圳出版发行集团公司及其海天出版社，特别是深圳出版发行集团公司原总经理兼海天出版社原社长陈锦涛，深圳出版发行集团公司现总经理兼海天出版社现社长尹昌龙，海天出版社总编辑毛世屏和全体责任编辑，他们使我们出版《自然国学丛书》的多年"梦想"变为了现实；也深深地感谢无私地为《自然国学丛书》及其出版工作做了大量具体工作的崔娟娟、魏雪涛、孙华。

　　当前，"自然国学"还是一棵稚苗。现在有了好的社会土壤，为它的茁壮成长创造了最根本的条件，但它还需要人们加以扶植，予以浇水、施肥，把它培育成为国学中一簇新花，成为发扬和光大中国传统学术文化的一个新增长极。"自然国学"的复兴必将为中国特色的社会主义新文化、中国特色的科学技术现代化作出应有的贡献。

《自然国学丛书》主编

2011. 12